GZC 高校主题出版
GAOXIAO ZHUTI CHUBAN

"中国之治的成功密码"丛书

中华文化为什么兴

刘水静 等 著

中国人民大学出版社
· 北京 ·

目　录

引言　001

第一章　底蕴深厚的文化根脉　005

一、人类文明发展史上的罕见奇迹　005

二、生生不息、历久弥新的文明密码　015

三、传承呵护我们“最深厚的文化软实力”　035

第二章　激越升腾的国力支撑　042

一、“软实力”离不开“硬基础”　042

二、“中国奇迹”彰显中华文化魅力　051

三、文化发展有力提振综合国力　059

第三章　科学先进的价值内核　065

一、社会主义核心价值观的科学依据　066

二、社会主义核心价值观的历史底蕴　074

三、社会主义核心价值观的现实基础　081

四、社会主义核心价值观的道义力量　087

第四章　光华灿烂的时代成果　096

一、团结向上的文明风尚　097

二、丰富多彩的文艺作品　108

三、兴旺发达的文化事业 117
四、缤纷璀璨的文化产业 127
第五章 海纳百川的文化胸襟 135
一、中华文化的包容特质 136
二、开放精神与中华文化新发展 144
三、“一用二批三改四创” 151
第六章 和合天下的文明方案 162
一、中华文化的和平声音 163
二、中华文化的发展主张 171
三、中华文化的合作倡议 177
四、中华文化的共赢方案 183
第七章 铸造中华文化新辉煌 188
一、遵循科学理论 189
二、坚持正确道路 196
三、加强党的领导 202
四、守护人民立场 207
五、筑牢制度优势 211

后记 215

引　言

在人类文明发展史上，世界东方的中华文明和中华文化，以其超然独立的原生样态、博大精深的内容结构、泽被东西的影响力度、历久弥新的旺盛活力，而广为世人尊崇。在数千年漫长历史长河中，中华文明总体上是不断发展、上升、进步的，其具体演化过程又表现出高潮与低谷更替、蓬勃发展与相对停滞互出的状况，体现着人类社会发展的波浪式前进规律。在其中的高潮时期里，中华民族以激昂的文化精神、强劲的文化能力、积极的文化心态，缔造了一个个兴旺发达的文化盛世，彰显着光华灿烂的文化形象，为人类文明的发展进步作出了不可磨灭的历史贡献。

明清之际，于种种内外因素羁绊之下，中华文化发展进程相对迟缓，在人类文明现代化大潮中逐渐落伍。在中西方文明激烈对抗的近代时期，中华文化一度陷入被动局面，一代代先进中国人“保文”“保教”之举屡屡受挫，文明的存续和发展面临“山穷水尽诸路皆走不通”[①] 的空前危机。诞生于五四新文化运动中的中国共产党人，以马克思主义的科学理论为指导，立足中国大地和中国实践，以宽广的胸怀和开放的气度批判吸纳古今中外一切优秀文明成果，大力发展新民主主义文化，重新燃亮了近代国人对中华文化未来前途的坚定信心与执着信念，为中华文化的近代转型和发展作出了重大历史贡献。

1949 年 9 月 16 日，毛泽东于新中国成立前，挥毫写下了《唯心历史观的破产》一文。毛泽东在文中深刻指出：“自从中国人学会了马克思列宁主义以后，中国人在精神上就由被动转入主动。从这时起，近代世界历史上那种看不起中国人，看不起中国文化的时代应当完结了。伟大的胜利的中国人民解放战争和人民大革命，已经复兴了并正在复兴着伟大的中国人民的文化。”[②] 毛泽东的这一论述，再现了中国共产党人在波澜壮阔的近代革命斗争中繁荣发展新民主主义文化，彻底扭转中国人民在文化心理上的自卑和被动，带领中国人民成功树立起高度的文化自尊和文化自信、奋勇开辟中华文化现代发展新境界的峥嵘历史。

---

① 中共中央文献研究室．毛泽东书信选集．北京：中央文献出版社，2003：4.

② 毛泽东．毛泽东选集：第 4 卷．2 版．北京：人民出版社，1991：1516.

新中国成立以来，经革命战争的洗礼而浴火重生的中华文化，在繁荣发展、走向复兴的康庄大道上高歌猛进。今日中国，不仅是经济社会发展奇迹迭出、科学技术进步日新月异、国家综合实力突飞猛进的繁荣之国，而且是文化软实力持续显著增强、文明复兴前景胜利在前的希望之邦。在当代中国，中华文化的繁荣兴盛，体现在我国意识形态领域马克思主义指导地位的不断巩固上，体现在社会主义核心价值观引领人心效度的不断增进上，体现在文化事业与文化产业助推下高质量文化产品的持续涌现上，体现在走向国际的中国声音、中国智慧、中国方案愈受世人所珍视上，体现在当代中国人民益愈增强的文化担当意识与文化自信情怀上。

习近平总书记在庆祝中国共产党成立100周年大会上满怀信心与自豪地宣告："我们坚持和发展中国特色社会主义，推动物质文明、政治文明、精神文明、社会文明、生态文明协调发展，创造了中国式现代化新道路，创造了人类文明新形态。"[①] 在这一神圣、庄严而又隆重的庆典上，习近平总书记以"创造了人类文明新形态"这一重大判断，高度评价了新时代中国人民推动中华文化繁荣昌盛、推动中国特色社会主义现代化事业发达进步所取得的伟大历史性成就。

---

① 习近平．在庆祝中国共产党成立100周年大会上的讲话．人民日报，2021－07－02.

文化复兴既是民族复兴的重要内容，亦是实现民族复兴的根本前提。没有中华文化的繁荣兴盛，就没有中华民族的伟大复兴。于实现“两个一百年”奋斗目标的历史交汇期召开的党的十九届五中全会，在擘画、部署国家和民族未来发展路线图、时间表、任务书时，明确提出到2035年建成文化强国的宏伟目标。以习近平同志为核心的党中央高瞻远瞩绘制的这一激动人心的壮丽蓝图，显示出我们党对繁荣振兴中华文化的高度自觉，对当代中国文化建设成就的高度肯定，对中国特色社会主义文化道路发展前景的高度自信。新时代中华文化赖以繁荣兴盛的原因、基础、条件、保障究竟有哪些？在中华民族伟大复兴战略全局和世界百年未有之大变局下推动中华文化实现繁荣兴盛为何必要，何以可能，缘何而行？本书即以“中华文化为什么兴”为主题，从理论、历史与实践的多重维度进行深入浅出的分析探讨，以求助益于我们对这一重大理论与现实问题的理解，助益于新时代的文化强国建设与中华民族的伟大复兴。

第一章

底蕴深厚的文化根脉

东亚大陆，东临无垠汪洋，西接万里流沙，南耸雪域高原，北横严寒旷漠。在这些难以逾越的天然屏障的阻隔下，中华先民依靠黄河、长江两大河流的哺育，创造出了独具特色、自成一体的原生文明。中华民族不仅缔造了人类文明发展史上的罕见奇迹，而且为当代中国和世界文化的创新发展提供着深厚的智慧根脉和丰沛的精神滋养。中华文化赖以兴盛不衰的原因是什么？确保中华文化生生不息、历久弥新的关键要素究竟有哪些？今天的我们该如何传承呵护我们“最深厚的文化软实力”？

一、人类文明发展史上的罕见奇迹

中华文明是人类历史上出现的少数原生文明之一，亦是从诞生之日起就勇敢经受数千年风雨考验而无中断地赓续发展至今的唯一文明体。无论从哪种角度看，屹立于世界东方的中华文明，都是人类文明发展史上的一个罕见奇迹。

中国是人类文明的重要发祥地。文化，是脱离了动物状态的人，在改造世界的社会性实践活动中的创造物。人类何时诞生？创造了人类文明发展奇迹的中华民族，究竟从何而来？关于人类起源问题，西方学者的传统观点，依循南方古猿、能人、直立人、早期智人、晚期智人（亦即“现代智人”或“新人”）的发展脉络，认为人猿揖别、人类诞生的划时代事件发生于数百万年前的非洲，因此持“人类非洲起源说”。20 世纪八九十年代，中外考古学者在中国江苏溧阳联合发现了最早的高等灵长类化石，即距今 4 500 万年的中华曙猿，其比人们在非洲发现的高等灵长类早了将近 1 000 万年，是目前发现的人类最早的祖先。

此外，人们在中国境内还陆续发现了距今2 000 万年至 1 400 万年的森林古猿、距今约 800 万年且“比非洲的古猿更靠近真正的人类”[①] 的拉玛古猿、距今 400 万年前后的元谋古猿等。加之距今 200 万年前的巫山猿人、100 多万年前的元谋人、蓝田人及距今数十万年前的北京人、陕西大荔人、山西丁村人等，古人类学家用完整而清晰的演化链条告诉世人，中国

① 卜宪群．中国通史：第 1 卷．北京：华夏出版社，2017：18.

是人类与人类文明的重要发源地，中华民族的祖先自古以来在这片辽阔的土地上栖息繁衍，开启着自身文明从萌芽到初现、从发展至成熟的历史进程。

农业素来被视为人类文明赖以诞生的“温床”。包括中华文明在内的人类早期四大原生文明，无不植根于大河流域先进的农业生产基础之上。西方学界有种观点认为，农业首现于距今 12 000 年至 10 000 年之间的西亚两河流域，并从这个地方传向世界其他地区。事实上，在西亚两河流域开始种植小麦的同一时期，中国的长江流域已经开始栽培水稻，黄河流域的人们也已掌握了粟、黍的种植技术。如考古学家在湖南玉蟾岩遗址和江西仙人洞遗址发现了距今 12 000 年前的栽培稻痕迹，在北京东胡林人遗址亦发现了距今 10 000 多年前的碳化小米。这些考古发掘无可辩驳地证明，中华先民在相对独立的环境里，最早掌握了多种谷物的种植技术，并自主迈向农耕文明的发展大道。

随着历史的演进，勤劳智慧的中华先民创造的物质与精神财富愈加丰富。同时，人们在生产生活中缔结的社会组织愈加精细，阶层分化愈加明晰，具有中华文明鲜明特色的礼制规范愈加完善。于是在 5 000 多年前，也就是传说中的五帝时代，经现代考古发掘而证实的超大型都邑性聚落已如满天星斗，广泛散布于中华大地之上，中华民族由此迈入“古国”时代，文明的光芒已在世界东方清晰可见。又经过 1 000 多年的传承、融合与发展，中国历史上第一个世袭奴隶制国家——夏王朝，于公元前2070年前后正式诞生，中华文明由此昂首踏上辉煌灿烂的发展新征程。可以说，与其他原生文明相比，中华文化有着相对独立的孕育环境，有着自成一体的演化发展道路，因此在人类史上呈现出具有独特魅力的原生文明样态。

中华文化在危机与挑战中书写不朽传奇。人类文明的发展从来不是一帆风顺的。一次自然灾难或一场战争冲突，都能给一个文明带来毁灭性打击。在漫漫数千年的历史长河中，多少文明的浪花澎湃激荡而又随之破碎消逝，多少文明的光芒绚烂绽放而又随之湮灭沉寂。在这种“其兴也勃焉，其亡也忽焉”的沉浮更替中，中华文明却始终屹立于人类文明发展的潮头，是唯一一个永续不绝的原生文明体。除中华文明外，还没有哪个原生文明同样经受住了种种磨难和考验而延续至今，与中华文明并立于世。可以说，中华文明在数千年发展征程中展现出了罕与匹敌的强大生命力，书写着人类文明发展的不朽传奇。

中华文明发端于黄河、长江两大流域，但这一地理位置和自然环境并不算十分优越。黄河流域虽有广阔的平原地带，但北方气候干旱，不利灌溉，而多水之年黄河又极易决口泛滥。历史上的黄河，素有“三年两决口、百年一改道”的说法，既是中华民族的“母亲河”，亦被称为中国人民的“灾难河”。据统计，从先秦到新中国成立前的2 500多年间，黄河下游共决溢1 500多次，改道26次。从黄土高原倾泻而来的河水，裹挟着大量泥沙，高悬地面，奔涌而东。“黄河宁，天下平。”黄河河道的稳固与否，成为事关整个中华民族安定繁荣的重要因素。同时，中国南方的长江流域虽然水量丰沛，但其地形丘陵起伏、河汊密布，适宜耕作的土地往往被割裂得支离破碎，不便大规模生产种植，大大降低了生产效率。此外，受限于古代社会的知识水平和生产生活条件，古代人们亦常遭遇流行性疾疫的侵袭，甲骨文中就已出现关于“疾年”的瘟疫记载，同时古代典籍中亦有不少关于“时疾”“大疫”“岁有疠疫”“民殃于疫”的描述。大自然的种种危难，都是对中华文化生机与韧性的巨大考验。

“艰难困苦，玉汝于成。”面对危及民族生存的自然灾害，中华先民从来没有被吓倒、压垮过。他们以人定胜天的豪气，同自然展开波澜壮阔的英勇抗争，在抗争中求取民族的生存、文明的发展。女娲炼石、神农尝草、后羿射日、大禹治水等描述中华先民大无畏斗争精神的神话故事，千古传颂，深深融入了中华民族的基因和血脉，支撑中华民族和中华文化在各种自然磨难中奋起与成长。

中华文化成长发展过程中面临的挑战不仅来自自然界，还来自中华民族内部融合。中原地区西方及北方连接着草原沙漠，中原人所建立的政权和农耕文明长期受到周边游牧民族的侵扰和威胁。自公元前 771 年西周王朝被犬戎灭亡以来，古代中原王朝与少数民族政权之间的冲突和斗争就几乎没有停止过。东周时期，赵国等诸侯国在与胡人等少数民族的长期冲突中，一方面学习胡人的作战技巧（“胡服骑射”），另一方面着手修筑长城以备胡人侵犯。从那时起，中原民族依托蜿蜒盘旋于崇山峻岭之中的万里长城以抵御塞外民族南下的历史，延续了2 000余年。秦王朝与胡人的大规模对峙、汉代延绵不绝的汉匈战争、两晋南北朝时期的五胡十六国政权、唐与突厥的冲突、两宋时期金辽西夏蒙古的持续南侵、明朝与清的冲突较量等，见证着数千年的漫长时间里中华文明存续发展的艰辛。

与人类其他文明一样，中原民族在特定时期建立的政权常常为外来民族所灭亡和取代；但与人类其他文明不同的是，中原民族所创造的文化从未随着政权的灭亡而消散。恰恰相反，在游牧民族用武力侵袭或征服中原民族政权的同时，中原民族总是在文化上同化这些胜利者。崛起于东北的金国政权，在攻破开封、俘虏宋帝、占据中原后与南宋长期对峙，但其统治者却对中原文化钦慕不已。自幼接受汉文化教育和熏陶的金熙宗完颜亶，即位后其“雅歌儒服”“宛然一汉家少年子”的形象，充分彰显了中原文化的巨大魅力。可以说，在中原民族与周边民族的矛盾冲突中，中华文化与中华文明不仅没有萎缩或塌陷，反而不断获得新的更大范围的生命力与影响力，并凭借自身的这种强大软实力，将众多的少数民族及其文化创造融入中华民族和中华文化的大家庭，为中华民族和中华文化的发展不断注入新的前进动力和发展能量。

据《孟子·离娄下》记载，“舜生于诸冯”，是“东夷之人”，周文王“生于岐周”，是“西夷之人”。这两位地理上悬隔千里、时间上间隔千年的“夷人”，“得志行乎中国”，践行并光大着中原诸夏的礼制文明，为中华文化的赓续和发展作出了不可磨灭的贡献，最终成为中华文明史上备受推崇的圣哲（“先圣后圣”）。从先秦儒家关于中华文化的这一历史叙事，我们即可感受中华文化虚怀若谷、广纳百川的强大包容力及生生不息、历久弥新的持久生命力。

中华文化为人类文明发展作出卓越贡献。作为一个早熟的原生文化系统，中华文化与周边及异域文化交通往来过程中不断向外辐射自身的巨大影响。在泽被东亚、流布远西的过程中，中华文化为人类文明的发展进步作出了卓越贡献。

在东亚地区，中华文化素有“文化辐射源”之称，是东亚文化圈的核心。考古学家研究发现，早在公元前3000年至公元前2000年间，也就是夏王朝尚未诞生的龙山时代，中国古人发明的农业种植技术，就开始向包括朝鲜半岛、日本九州岛及俄罗斯远东地区扩散。秦汉之际，朝鲜、越南、日本、匈奴等除积极学习引进当时中国人民生产生活实践中的器物、技艺文化及音乐、舞蹈等艺术文化外，亦开始学习使用中国文字，自觉输入包括《诗经》《尚书》《春秋》等在内的文化典籍与社会制度。两汉时期，不少朝鲜人已能背诵《诗经》。据学者考证，古代朝鲜留下的唯一文字作品，是一位叫丽玉的朝鲜女性创作的《箜篌引》。作品描述了一位妻子哀悼其夫落水殒命的情景："公无渡河，公竟渡河，堕河而死，当奈公何！"凄婉优美的诗句，透露着中国文字和中华文化对周边部族的巨大影响力。

唐宋之际，在中华文化的辐射、引领下，东亚文化圈的文明光芒更加绚烂夺目。如唐朝时期朝鲜半岛的新罗国，不仅效仿唐朝的三省六部制设置政治机关，而且举国穿唐朝服装、行唐帝年号。日本将唐朝视为文化、制度完备无缺的"珍国"，先后19次派遣使者冒着滔天巨浪前往唐朝，大规模移植唐朝文化。唐代高僧鉴真东渡日本进行文化传播，日本人对其顶礼膜拜，尊称鉴真大师为"日本文化的恩人"。以程朱理学为代表的宋代思想文化亦在东亚地区持续影响数百年而不衰。比如程朱理学由朝鲜的来华使者带回之后，在朝鲜迅速发展，李朝时期成为官方正统学说。其传入日本后亦在江户时代风行大盛，以山崎闇斋为代表的一大批日本学者将儒学发祥地——中国，视为精神原乡。山崎闇斋曾经向其弟子提出一个假设性问题，即如果中国以孔子为统帅，以孟子为副帅，率领数万之众来攻日本，那么奉孔孟为圣贤的日本读书人，该怎么做呢？弟子们听闻老师的这一问题，汗流浃背，不知所对。这一故事从侧面反映了中国传统思想文化在江户时代日本士人心目中的引领地位，彰显了古代中国思想文化在东亚地区的发达进步形象。

西汉张骞凿空西域，打通东西方经济文化交流通道后，中国文化沿丝绸之路远播西亚、欧洲和北非。两汉时期，勤劳的中国人民制成的精美绝伦的丝绸锦服大量流入欧洲、北非。流光溢彩的锦绣绮缎令人们万分喜爱。埃及女王克里奥帕特拉、罗马皇帝恺撒，都喜欢身着丝绸衣服参加隆重典礼，以塑造自己的雍容华贵形象。埃及、罗马贵族更是将丝绸奉为珍品，竞相购置。中国与欧洲分别地处绵延万里的丝绸之路的东西两端，来自中国的商品经丝路中段的中亚、西亚中转，并由当地商队输入欧洲，使得售价十分昂贵。于是罗马人开始探索由海路直抵中国的途径。功夫不负有心人，东汉桓帝时期，罗马皇帝马可·奥勒留派遣的商业使团，沿海路经越南成功抵达中国，为海上丝路的开辟作出了重要贡献。

唐宋时期丝绸之路沿线的瓷器贸易迅速崛起且盛况空前。晶莹剔透、质地纯良、圣洁典雅的瓷器，成为西方人趋之若鹜的珍宝。西亚、北非、欧洲的王室、贵族将瓷器视为华贵和高雅的象征，甚至发生了撒克逊选帝侯奥古斯特二世用 600 名御林军卫兵从普鲁士国王威廉手里换回 127 件中国瓷器的独特外交事件。聪明的波斯人和埃及人甚至能够基于对“唐三彩”和宋瓷的精心研究，仿造出惟妙惟肖的“波斯三彩”和埃及瓷器。当是之时，往返于印度洋和波斯湾的唐朝商船体积庞大，其装载量是同期外国船只的数倍甚至数十倍。唐朝的先进造船术和航海术，引得阿拉伯商人纷纷携货搭乘中国船只出海贸易。阿拉伯帝国历史上阿拔斯王朝第二任哈里发曼苏尔，因营建巴格达，并将这座名城作为王朝首都而闻名于世。据史料记载，曼苏尔在向人们解释为什么要将巴格达作为国家新都时说：“这里有底格里斯河，可以把我们和遥远的中国联系起来。”[①] 曼苏尔此语，深刻突显了古代中华文化在西亚、欧洲与北非的强大影响力。

中国文化西传，有力推动了世界文化的发展进步。火药、指南针、印刷术，在宋代沿丝绸之路传入西方以后，对西方乃至整个世界的文明进程都产生了不可估量的影响。马克思曾经指出：“火药、指南针、印刷术——这是预告资产阶级社会到来的三大发明。火药把骑士阶层炸得粉碎，指南针打开了世界市场并建立了殖民地，而印刷术则变成新教的工具，总的来说变成科学复兴的手段，变成对精神发展创造必要前提的最强大的杠杆。”[②] 其实，改变西方文明发展进程的不仅是上述三大技术发明，而且包括沿丝绸之路西传的中国思想和中国学术。它们为欧洲社会走出中世纪、走向文艺复兴和文化启蒙作出了独特的中国贡献。西方近代著名的启蒙领袖、被称为“欧洲的良心”和“法兰西思想之王”的伏尔泰，就曾将自己的书房称为“孔庙”，并以“孔庙大主持”为笔名发表启蒙篇章。以儒家学说为代表的中华优秀传统文化，是伏尔泰等人反抗欧洲神

---

① 胡锦山．非洲的中国形象．北京：人民出版社，2010：11.

② 马克思，恩格斯．马克思恩格斯文集：第 8 卷．北京：人民出版社，2009：338.

权和封建专制王权的锐利武器。西方政治家、曾担任美国副总统的亨利·华莱士明确指出："中国哲学和国民心习之趋向民治，对于西洋政治哲学有重大的影响，美国建国时期，贤哲之士，倡导革命，奠定宪政，其信仰与作风，虽云直接得之于欧洲，实为间接取之于中国。"① 华莱士的这一论断，深刻凸显了中华文化在西方文明现代化进程中所发挥的重要作用。

概而言之，中华文化历史悠久而又不断推陈出新，卓然于世而又持续影响深远。中华文化赖以兴盛不衰的原因究竟是什么？确保中华文化生生不息、发展壮大的关键要素究竟有哪些？

二、生生不息、历久弥新的文明密码

民族精神是一个民族的文化创造的核心与精华，是民族文化的根本精神标识。中国人民在数千年的不懈奋斗中淬炼形成的伟大民族精神，蕴含着中华民族和中华文化生生不息、发展壮大的遗传密码。中华民族的伟大民族精神以爱国主义为核心，包含伟大创造精神、伟大奋斗精神、伟大团结精神和伟大梦想精神。其中伟大创造精神是根本，伟大奋斗精神是动力，伟大团结精神是基础，伟大梦想精神是引领。四者彼此联系，

① 金耀基．中国民本思想史．北京：法律出版社，2008：7.

相互贯通，在爱国主义精神这一核心要素的统摄下构成了伟大民族精神的完整架构。

爱国主义精神是中华民族伟大民族精神的核心要素。爱国主义是中华民族的民族心、民族魂，是中华民族最重要的精神财富。在中华民族几千年绵延发展的历史长河中，爱国主义始终是激昂的主旋律，始终是激励我国各族人民自强不息的强大力量。我们可以从以下四个方面把握中华民族爱国主义精神的丰富内涵。

一是国而忘家、公而忘私的集体主义观念。中国古人推崇国家利益、社会整体利益的爱国传统源远流长。上古之时，洪水滔天，怀山襄陵，万民不堪其忧。禹受舜命治理洪水，于是“劳身焦思，居外十三年，过家门不敢入”[①]，最终完成了治水大业，造福于天下万家。《吕氏春秋·去私》记载了一个国而忘家、公而忘私的著名典故。晋平公问大臣祁黄羊，谁可以出任南阳令这一要职。祁黄羊推荐一向与自己关系不和的解狐，平公惊问他为何推荐自己的“仇人”，祁黄羊说您问谁适合担任南阳令，并没有问谁是我的仇人。过了一段时间，平公又请祁黄羊推荐军尉，祁黄羊推荐自己的儿子祁午。平公又讶其为何推荐自己的儿子，祁黄羊回答说您问谁适合担任军尉，并没有问谁是我的儿子。这种把国家利益放在首位、“外举不避仇，

① 《史记·夏本纪》

内举不避子”的大公无私之举，被后人传为爱国佳话。中国古人将国而忘家、公而忘私的集体主义爱国观纳入“仁”的范畴，使之成为数千年来激励优秀中华儿女为国奉献、忘我付出的精神旗帜。文天祥在《衣带赞》中慨然写道：“孔曰成仁，孟曰取义，惟其义尽，所以仁至；读圣贤书，所学何事，而今而后，庶几无愧！”无数优秀中华儿女，用自己的热血和生命，谱写了一曲曲爱国主义的激昂赞歌，筑起了一座座为国献身的英雄丰碑。

二是为民请命、以道事君的爱民敬民立场。中华先哲在君民关系上明确认为，人民是国家的主体，以君王为代表的为政者是人民的服务员；因此爱国主义的重要内涵是效忠于民，而非愚忠于君。孔子明确提出要“以道事君”[①]。这里的“道”，就是天道、人道。因此儒家强调的不是“忠于君”，而是忠于礼、忠于道、忠于民。所以孔子认为，如果君王的举止不符合道义民心，人臣就应该犯颜直谏（“子路问事君。子曰：勿欺也，而犯之。”[②]）这就是儒家“从道不从君”的价值追求。据《宋史》记载，北宋仁宗时期爆发了一场非常严重的蝗旱灾害，江淮一带灾情尤甚。范仲淹上书请求中央赈灾，一时未被批准。心忧百姓疾苦的范仲淹凛然诘问宋仁宗：“如果是宫廷里半天没饭吃，将会怎么样？”（“宫掖中半日不食，当何如？”[③]）

① 《论语·先进》
② 《论语·宪问》
③ 《宋史·范仲淹传》

宋仁宗这才派遣范仲淹前往江淮赈济灾民。蝗旱流行，生民受苦，范仲淹心怀忧虑；在国君面前大胆执言、为民请命，他义无反顾。这就是中国古人推崇的忧国忧民、以道事君的爱国主义精神。

三是崇文兴化、绍统保教的文化使命意识。中华民族素以“华”“夏”自称。何谓“华”“夏”？“华，荣也”[①]；“夏，大也”[②]。唐代儒者孔颖达更是明白地指出：“中国有礼仪之大，故称夏；有服章之美，谓之华。”[③] 可见，所谓“华夏”在本质上是一个文化概念。中国古人以“华夏”“诸夏”“中华”“中夏”“中国”等概念描述和指称自己的国家、民族时，体现的是对自身文化发展高度的骄傲与自豪。正是在这个意义上，我们说对中华文化的热爱，是中华民族爱国主义精神的重要内核。明末著名思想家顾炎武在回答什么是“亡天下”的问题时说道：“仁义充塞而至于率兽食人，人将相食，谓之亡天下。”[④] 在顾炎武看来，是否具有以仁义道德为核心的文明、文化，是区别人与动物的根本标志，而所谓“天下”，正是区别于动物的人所构成的文化意义上的社会共同体。因此，守卫文化和“天下”，就是每一个人的责任：“保天下者，匹

---

① 《说文解字·华部》
② 《尔雅·释诂》
③ 《春秋左传正义·定公十年》
④ 《日知录·正始》

夫之贱与有责焉耳矣。”可见，正是在守护和发展中华文化的意义上，顾炎武提出了“天下兴亡，匹夫有责”的爱国名言。

四是德泽天下、协和万邦的国际主义情怀。中华文化历来具有宽广的天下胸怀、辽阔的国际视野。中华优秀传统文化中的爱国主义精神，不是唯我独尊的狭隘民族主义，而是主张人们在爱己家国的同时推己及人、协和万邦，是爱国主义与国际主义的高度统一。中华优秀传统文化中的国际主义情怀，是仁爱精神的自然延伸。《尚书》称赞帝尧时指出，尧有着崇高的道德修为，他亲睦自己的家族，善待国中百姓，在家齐国治的同时，还把自己的大爱推广到天下间的所有邦国，实现国与国的平和相处、友好交往（“九族既睦，平章百姓。百姓昭明，协和万邦”[①]）。秦汉时期，西域大小数十个国家之间彼此攻伐，狼烟四起，民不聊生。两汉政府以强大的国家实力为后盾，在与西域诸国打交道的过程中始终秉持道义立场，成为维护西域和平的关键力量，以至于出现“西域思汉威德，咸乐内属”[②] 的太平局面。据《后汉书・班梁列传》记载，东汉明帝驾崩后，刚即位的汉章帝命镇守西域的班超回国。班超起程时，“疏勒举国忧恐”，该国都尉黎弇担心一直保护疏勒的汉军

---

① 《尚书・尧典》
② 《汉书・西域传》

回去后疏勒会再被龟兹攻打，“诚不忍见汉使去”的他于是拔刀自刎。班超归国途中经过于寘国时，于寘上至国王、下至百姓都不舍得班超离去，他们流泪大声嚎哭道，“依汉使如父母，诚不可去”；并且集体抱着班超一行的马腿，不让班超离开。“依汉使如父母”这一比喻，生动地展示了西域人民心目中东汉王朝抑强扶弱、德泽万国的道义形象。

伟大创造精神是中华民族伟大民族精神的根本要素。习近平总书记指出：“一个国家和民族的创新能力，从根本上影响甚至决定国家和民族前途命运。”① 这一论述深刻指明了创新创造的精神、能力在一个国家和民族的发展进步中具有的根本作用。中华民族是富有伟大创造精神的民族。创新创造精神是中华民族“最深沉”② “最鲜明”③ 的民族禀赋。正是在这种伟大创造精神的激励下，中华民族缔造了独树一帜的中华文化。中华民族的创造性精神有着丰富多样的特点，在传承中创造、在采鉴中创造、在变革中创造是其中较为突出的三大特征。

其一，在传承中创造。文化的延续发展，离不开传承与创新。传承是创新发展的基础，创新是传承延续的前提。离开对优秀传统的传承弘扬，创新就是无源之水；没有立足当下的创

---

① 习近平．习近平谈治国理政：第 2 卷．北京：外文出版社，2017：202.

② 习近平．习近平谈治国理政：第 1 卷．2 版．北京：外文出版社，2018：51.

③ 习近平．在中国科学院第十七次院士大会、中国工程院第十二次院士大会上的讲话．人民日报，2014－06－10.

新创造，文化的延续发展就失去根本动力。在传承的基础上创新，在创新前提下传承，是人类文明发展的一条客观规律。习近平总书记在亚洲文明对话大会上深刻指出："文明永续发展，既需要薪火相传、代代守护，更需要顺时应势、推陈出新。"① 这一重要论述深刻揭示了人类文明发展进程中传承与创新相互联系、相辅相成的辩证统一关系。"自古以来，中华文明在继承创新中不断发展，在应时处变中不断升华"②。在传承中创新创造，尤其成为中华民族和中华文化创造精神的鲜明特质。中国古代数学的发展历程及其辉煌成就集中体现了中华文化在延续中突破、在突破中发展的创造精神。汉初数学家张苍、耿寿昌等在全面总结先秦数学成就基础上初成《九章算术》，该书后经两汉数学家的不断修订和完善，至东汉和帝时方始定型。一代代数学家的传承与创造，使得《九章算术》成为一部在中国数学史乃至世界数学史上都具有划时代重要影响的系统性的数学专著，其中运用的许多创建性理论和方法与现代数学高度一致。比如，该书方程章中记录了五元一次方程组及其先进的解法，而欧洲直到 16 世纪才有人研究三元一次方程组。今人公认该书"与古希腊欧几里得《几何原本》东西辉映，成为人类文明史上极其珍贵的科学文化遗产"③。唐代数

①② 习近平．深化文明交流互鉴 共建亚洲命运共同体：在亚洲文明对话大会开幕式上的主旨演讲．人民日报，2019－05－16.

③ 李继闵．九章算术校证．西安：陕西科学技术出版社，1993：1.

学家全面而系统地汇集、整理、注解前人的研究成果，推出“十部算经”作为数学通用教科书，唐人在整理和注解过程中作出不少超越原著的贡献。其中，王孝通所著《缉古算经》，书名曰“缉古”，实是在继承前人成果基础上，主要探讨前人没有提及和解答（前人成果中“阙而不论”[①]）的新问题。宋人曾数次刊印发行包括《缉古算经》在内的“十部算经”，以贾宪、秦九韶、郭守敬、杨辉、朱世杰等所代表的杰出数学家群体，在继承前代成就的基础上，有力推动两宋数学的创造性发展，推动宋代数学获得了超越前人的辉煌成就。其中，贾宪提出的高次方程数值解法领先欧洲“帕斯卡三角”600多年，被西方史家公认为人类“最伟大的数学家之一”的秦九韶发明的“正负开方术”和“大衍求一术”分别领先英国数学家霍纳和德国数学家高斯提出的类似解法500多年[②]。这些都体现了中华文化在传承中创新和发展的特点。

其二，在采鉴中创造。同一文化体系的纵向传承是文化创造的根本基础，不同文化样态的横向交流是文化创新的必要条件。习近平主席在巴黎联合国教科文组织总部畅谈文明间的交流互鉴与文明的创新发展问题时深刻指出：“文明因交流而多

---

① 郑师渠．中国文化通史：隋唐五代卷．北京：北京师范大学出版社，2009：425.

② 龚书铎．中国文化发展史：宋元卷．济南：山东教育出版社，2013：371-373.

彩，文明因互鉴而丰富。文明交流互鉴，是推动人类文明进步和世界和平发展的重要动力。”① 在人类文明发展进步的历史长河中，中华民族和中华文化始终注重与其他文明平等交流、互学互鉴，以海纳百川的博大胸襟，在积极学习、融合异域文化优长的基础上推动中华文明和中华文化的创新发展。印度佛教传入中国以前，中华文化的采鉴与创造，主要体现在我们民族对自身文化内部百家之学的综合创新之上。从汉初的黄老之学到其后的董氏儒学等，无不体现这一鲜明特点。比如，汉初的黄老之学，是以道家“无为而治”思想为主体，在广泛吸收包括儒、墨、法诸家思想基础上而创造形成的能够充分满足汉初经济、政治、社会和文化发展需要的新思想。汉初黄老思想的代表作品《淮南子》强调“百川异源而皆归于海”②。这里的“百川”，指的即是诸子百家的思想学说；“皆归于海”，意指百家之学尽为汉初的新道家思想所吸收和容纳。所以《淮南子》又明确指出：“百家之言，……其合道一体也。”③ 此外，与先秦的孔孟儒学明显不同，西汉中叶兴起的董仲舒儒学，是以董仲舒为代表的汉儒，为满足当时社会需要，在兼采阴阳五行等诸家学说基础上创立的新儒学。佛教于东汉时期传入中国，并在魏晋南北朝乃至隋唐时期发扬光大。唐帝李渊在位时

① 习近平．在联合国教科文组织总部的演讲．人民日报，2014－03－28.
② 《淮南子·汜论训》
③ 《淮南子·齐俗训》

期曾多次召开儒、释、道三教的“文明对话”会议。如武德二年李渊亲到国子学观看释奠礼，同时“引道士、沙门有学业者，与博士杂相驳难，久之乃罢”[1]；武德七年李渊又召集三教领袖御前讲解各家经典，命儒者徐旷讲解《孝经》、僧人慧乘讲解《心经》、道士刘进喜讲解《老子》等。唐代文化的开放胸襟，是当时的中国人民能够创造出光华灿烂的盛唐文明的重要原因。宋代文化是中国古代文化发展史上的又一座“高峰”。两宋时期的主流知识分子大多有“出入释老，归本孔孟”的思想发展进路，理学家们在“泛滥释老”的基础上建构儒家思想体系，虽然在根本上批判释老之学，但也对释老思想有着充分的吸收。正是在这种批判学习、综合创新的基础上，宋代知识分子把中华文化推到了一个欣欣向荣的发展高峰。

其三，在变革中创造。文化的创新创造，离不开打破陈规、求新求变的勇气与胆识。中华文化之所以能够适应乃至引领历史的变化、发展与进步，其中一个重要原因，就是中华民族具有在变革中创新创造的精神与豪气。《周易·杂卦》指出，革，去故也；鼎，取新也[2]。这一“革故鼎新”思想正是中华文化蕴含的改革创新思想的集中表述。《周易》在中华文明史上素有“群经之首、大道之源”的称誉。影响深远的“易”哲

---

① 《旧唐书·礼仪志》

② 《周易·杂卦》

学本身强调的就是关于世界万物大化流行、发展变易的道理。中国哲学在思考宇宙万物的本原和生成问题时与西方传统的主流哲学不同，中国古代哲人并不认为世界是某个至上“神”或某一至上“理念”依自身能力通过简单的话语或借助某种原初质料创造而成，而是认为宇宙万物是天地在自身的演化变易过程中自然生成的。所谓“天有好生之德”“生生不息”“生生之谓易”，指的就是这个意思。除了上述变易思想之外，易哲学本身还包含丰富的革新思想。我们常说的“穷则思变”，就来源于《周易》中的“穷则变，变则通，通则久”[①]，它强调人们要学会变革创新，这样才能通达长久，这就是敦促人们脚踏实地，不断实现自我之突破更新的激励之言。据说早在公元前17 世纪，商汤就在他平常洗澡用的浴盆上刻有“苟日新，日日新，又日新”的字句。商汤将“日新”二字刻于此器之上，其用意是很深刻的。它不仅意指在忙碌了一天之后开始沐浴时要涤清自己身上所沾染的尘垢，使肌肤面貌焕然一新；而且意指为政者每天从处理公务的朝堂上退下之后，也要时刻反躬自省其所作所为是否含有自己的私欲，从而做到日新其德。可见，汤的《盘铭》，实是他焕新、提高自己为政之德的砥砺鞭策之言。商汤的这种“日新”精神也体现在周文王身上。《诗经》说：“周虽旧邦，其命维新。”[②]《诗经》的“旧邦新命”

① 《周易·系辞下》
② 《诗经·大雅·文王》

之说与商汤的《盘铭》具有一个共同特点，即它们都强调了维新、革新是无止境的活动，都体现着中华民族和中华文化除旧迎新、与时俱进、永不停息的变革精神。以唐代书法艺术为例，在初唐时期的欧阳询、虞世南、褚遂良等名家的引领、推动下，盛唐书坛名家辈出、诸体并胜，李阳冰等人的隶书，李邕、颜真卿等人的行书，“草圣”张旭、怀素的狂草等，是这一时期的典范。其中李邕提出“似我者俗，学我者死”的著名格言，生动揭示了文化的生命力在于永不停歇的突破与创新。正是在这种于变易中求突破、于革新中谋发展的创造精神激励下，中国人民缔造了内容博大精深、样式繁华璀璨的中华文化。

伟大奋斗精神是中华民族伟大民族精神的动力要素。伟大奋斗精神引领中华民族创造出一个又一个发展奇迹。中华文明的发展壮大之旅，又持续锤炼和升华着中华民族的奋斗精神，并不断赋予其丰富、深刻的内涵。我们可以从“勇”“毅”“智”“乐”四个方面对奋斗精神内涵作一尝试性概述。

“勇”即勇敢，昭示不惧艰险、勇于奋斗的豪气。中国古人将“勇”视为人所应具的“三达德”之一，推崇“勇者不惧”的胆魄。但是“勇”有大小之分。不能忍小辱小过、好勇斗狠者，是古人所批评的匹夫之勇。遵循大义迎难而上、义无反顾者，是古人所倾慕的大勇。《史记·廉颇蔺相如列传》记载，赵人蔺相如携璧出使强秦，为国家大义将个人生死置之度外，在秦廷之上理直气壮地斥责秦王上下；而面对廉颇的鲁莽冒犯之举，蔺相如又能为国家利益计而甘受个人委屈。蔺相如的故事生动演绎着“勇者不惧”“义以为上”的品格。司马迁对此热情赞叹道：“相如一奋其气，威信敌国；退而让颇，名重太山。其处智勇，可谓兼之矣!”中国古人常以玉相比相期，其中一个重要原因，就是玉“折而不挠，阙而不荏”的特点与“勇者不惧”的品格高度相似。同时，从石到玉的切、磋、琢、磨过程也与人在困境中锤炼无畏勇气的历程相类似。“艰难困苦，玉汝于成。”中华民族在数千年风雨征程中，没有被任何外在困难吓倒，而是以不惧艰险、勇于奋斗的豪气，开出文明的新天地，写出发展进步的新篇章。

“毅”即坚毅，体现锲而不舍、勤于奋斗的毅力。民族的发展和个体的进步类似，只有不断地进取、永不停歇地奋斗，才能始终以昂扬的姿态向上向前，不断壮大。这就需要有坚韧不拔、慎终如始的顽强毅力。精卫填海、愚公移山等神话故事，就是中华民族永不言弃的奋斗精神的生动刻画。普照大地的阳光，给世界带来无限生机。可太阳的光芒是在昼夜轮回中展现的，于是为了追赶光明，英雄夸父逐日而走，至死不渝，生动体现着中华民族的拼搏毅力。中国古人将这种永不停歇的恒久奋斗精神概括为“天行健，君子以自强不息”的哲理命题，强调有道德的大人君子要向运行无休的天道学习，做到刚健自强、生生不息。数千年以来，这一格言成为体现中华文化性格和中华民族精神的经典表述，始终激励着中国人民发奋向前。孔子的弟子曾子说："士不可以不弘毅，任重而道远。仁以为己任，不亦重乎？死而后已，不亦远乎？"志士仁人为何要具有刚强勇毅的品格？因为他们肩上的责任重大，而前进的道路又很漫长。这种鞠躬尽瘁、死而后已的精神，体现的就是永不言弃、永不懈怠的奋斗毅力。

"智"即睿智，见证中华民族善于探索、明于奋斗的智慧。中国人民历来倡导在实践斗争中大胆探索、积极创造，以新知新智推动实践斗争的进一步发展。《周易》强调"刚健、笃实、辉光，日新其德"，即是要求人们在刚健有为的笃实奋斗中不断获取新知新得（"德"），这就是中国古人"考真求实""实事求是"的实践智慧。前面提到的"君子以自强不息"一语，不仅强调奋斗不止的毅力，而且包含中华文化倡导的在奋斗中不断突破、不断求新的实践智慧。中华文化理解的"强"，不同于有的文化体系所坚持的"国强必霸"的"霸强""胜人"逻辑，而是一种自胜、克己、自新理念，即我们历来推崇的"自胜者强""自胜之谓强"。因此"自强不息"一词，同时勉励人们要在刚健有为的奋斗中不断自我突破、自我超越、自我革新、自我完善。可以说，正是在这种独特的奋斗智慧引领下，中华文明得以历久弥新、发展壮大。

"乐"即乐观，突显以苦为乐、乐于奋斗的情操。奋斗者面临的困难和挑战往往是艰巨的，但是外在的艰苦条件并不能干扰奋斗者的昂扬风貌。身处危情之中而不怨天、不尤人，心地光明、胸怀希望、积极向前，就是中华民族乐观奋斗精神的真切体现。司马牛向孔子请教君子为什么不会忧愁时，孔子答说："内省不疚，夫何忧何惧?"哪怕外在环境再窘迫，但人们只要心地坦荡、以义而行，就自然不会幽怨苦恼。所以孔子及其弟子在陈、蔡之间被军队围困而一度绝粮时，虽然从人忧慌失据，但孔子却始终保持乐观精神，"歌两柱之间""修乐不休"。危机解除后，子贡表示要铭记这场"不幸"遭遇，孔子直接反驳道："陈、蔡之间，丘之幸也!"师徒间的幸与不幸之辩，生动传达着中国古人推崇的以苦为乐精神。需要指出的是，中国古人在困难面前表现出的乐观主义，不是一种单纯的自我心理慰藉，而是达观无忧与积极进取的统一。《周易》分析"险在前也"的蹇卦时强调："蹇，君子以反身修德。"中国古人坚信，在危险面前，以乐观的精神进德修业、努力拼搏，就一定能够化险为夷、转危为安。这就是中华民族以苦为乐、乐于奋斗的高尚情操。

伟大团结精神是中华民族伟大民族精神的基础要素。习近平总书记强调："实现中华民族伟大复兴的中国梦，就要以铸牢中华民族共同体意识为主线，把民族团结进步事业作为基础性事业抓紧抓好。"① 这一重要论述深刻指出了民族团结

① 习近平．在全国民族团结进步表彰大会上的讲话．人民日报，2019-09-28.

在国家发展、文明进步过程中所具有的基础作用。中华民族历来富有伟大团结精神。“我国是统一的多民族国家，一部中华民族史就是一部各民族团结凝聚、共同奋进的历史。”[①] 在5 000多年的演进历程中，中华文明有安定团结的统一期，也有短暂动荡的分裂期，但团结统一始终是中华文明的主基调；即使在暂时的分裂期，谋求国家和民族的统一安定和发展进步，仍然是中华民族的共同愿望。

早在远古的神话传说时代，对团结的崇尚和追求，就已深植于中华民族的精神血脉之中。影响深远的大禹治水的故事，讲的就是有道德的大人君子团结率领千万民众，同舟共济对抗洪水灾害的英勇事迹。中华优秀传统文化中富含的“和合”理念，即深刻体现着中国古人对团结精神的重视和推崇。如孔子弟子有子强调“和为贵”[②]、孟子讲“天时不如地利，地利不如人和”[③] 等。为何要重视“人和”的作用？在中国古人看来，人与人的团结协作，是强大社会力量据以产生的基础。孔子说“和无寡”[④]，明确认为数量有限的个体只要紧密团结起来，就不再势单力薄。荀子在论述团结、联合的重要意义时更是明确指出：“和则一，一则多力，多力则强，强则胜物”[⑤]。

---

① 习近平李克强张德江刘云山王岐山张高丽分别参加全国人大会议一些代表团审议．人民日报，2017－03－11.

② 《论语·学而》

③ 《孟子·公孙丑下》

④ 《论语·季氏》

⑤ 《荀子·王制》

荀子这里的“一则多力”与我们今天强调的“团结就是力量”在内涵上是根本相通的。所以荀子在《强国》篇中高度重视团结一心的重要作用，他说：“上下一心，三军同力，是以百事成而功名大也。”① 考察人类文明的演进历史可以发现，每一个民族、每一个文明的发展都不是一帆风顺的，甚至有许多原本光华璀璨的文明体系，因经受不住种种冲刷和考验而湮灭于历史长河之中。中华文明之所以能够在数千年风雨征程中生生不息、发展壮大，其中的一个重要原因，就是伟大团结精神为我们提供着战胜各种风险和挑战的顽强力量。团结精神激励着中华民族奋勇向前，这一奋斗实践又不断积淀、升华着中华民族的团结精神、集体意识，使之成为中国人民的独特精神基因、显著精神标识。

伟大团结精神是近代以来中国人民接续取得革命、建设和改革发展成就的重要精神支撑。近代中国之所以遭遇重重苦难，一个重要原因就是当时社会缺乏把亿万国人有效团结、凝聚起来的关键因素。中国共产党带领中国人民争取民族独立和人民解放时，所依靠的一个重要法宝就是力求团结一切进步力量的统一战线政策。今天的中国，有着广袤无垠的国土，有着众多语言不同、习俗不同的民族，有着逾 14 亿规模的超大人口体量。在这样一个大国里推进现代化事业、推进民族复兴伟

① 《荀子·强国》

业，需要我们更加自觉地弘扬伟大团结精神，引导亿万中华儿女在中国特色社会主义这面“团结的旗帜”下，心往一处想，劲往一处使，汇聚起助推国家发展、民族振兴的磅礴伟力。

伟大梦想精神是中华民族伟大民族精神的引领要素。人们常用“火光”“灯塔”等字眼形容梦想，意指梦想具有昭示奋斗目标、引领前进方向的重要作用。一个人胸怀梦想，就会无惧风雨坚定前行；一个民族拥有共同梦想，就会同舟共济驶向美好远方。中华民族历来是敢于有梦、勇于追梦、勤于圆梦的民族。中华民族的伟大梦想精神至少具有三方面的显著特征。

其一，国家梦与个人梦始终高度统一。在国家层面，中国人民自古深怀国泰民安、天下太平的美好社会梦想。在个人层面，中国古人向来具有希贤希圣的人格追求。而个人层面的这种道德理想本身就具有“立人”①、“安人”② 乃至“平治天下”③ 的内在要求，深刻体现着中国古人社会理想与个人理想的高度统一。盛唐时期，中国文化史上有“诗仙”之称的伟大诗人李白，虽然以豪放洒脱、飘逸不群著称，但其无论是在得意抑或困顿期间，都怀着不灭的济世理想。他以曾在山野草间躬自耕作的诸葛亮自比，说“余亦草间人，颇怀拯物情”；出仕以前在山东游览，针对当时鲁地部分只埋首于故纸堆中做寻

① 杨伯峻. 论语译注. 北京：中华书局，1980：65.
② 同①159.
③ 同①109.

章摘句的功夫而现实中却缺乏济世能力的儒生，李白写下“鲁叟谈五经，白发死章句；问以经济策，茫如坠烟雾”的诗句。嘲弄儒者的迂阔不是李白的根本意图；通过对陋儒的批评而阐发一种观照现实的经世济用精神，才是这首《嘲鲁儒》的主旨，这就是“仰天大笑出门去，我辈岂是蓬蒿人”的勃发之气。长安出仕期间，李白目睹天宝年间朝廷上下的慵懒奢靡与逢迎倾轧，他洁身自爱，不与宦客同流合污，最终被排挤贬谪。李白心情落寞之下仍有“东山高卧时起来，欲济苍生未应晚”的志向。安史之乱时期，身在江湖的李白更是心系庙堂和苍生，以年迈之躯主动请缨要求参加平叛活动，留下了“三川北虏乱如麻，四海南奔似永嘉；但用东山谢安石，为君谈笑静胡沙”“试借君王玉马鞭，指挥戎虏坐琼筵；南风一扫胡尘静，西入长安到日边”的豪迈诗句。李白的济世梦想与宋代思想家张载“为天地立心，为生民立命，为往圣继绝学，为万世开太平”的追求高度统一。它们都是古代中国知识分子饱含的家国情怀的缩影，体现了中华民族历来将国家梦与个人梦紧密统一的伟大梦想精神。

其二，中华文化推崇锲而不舍、初心久久的逐梦豪情。女娲补天、夸父追日、精卫填海、愚公移山等古代神话深刻反映了中国人民勇于追求和实现梦想的执着精神。西汉中期，武帝与百官前往泰山举行封禅大典，时为太史公的司马谈“留滞周南”，由于不能随驾前往山东见证当时天子“接千岁之统”的盛大仪式而十分气馁。“发愤且卒”的司马谈留着泪水告诫儿子司马迁，嘱托他在这一伟大盛世中恪守家族使命，完成中华文明的历史书写：“余死，汝必为太史；为太史，无忘吾所欲论著矣。……今汉兴，海内一统，明主贤君忠臣死义之士，余为太史而弗论载，废天下之史文，余甚惧焉，汝其念哉!”司马迁出任太史公后，对自身的文化使命有着非常清晰的认知。他牢记父亲的“孔子与周公相距 500 年，今人与孔子亦相距 500 年，因此现今是绍续圣明之世，匡正、继承《易传》《春秋》，复兴诗书礼乐文化的千载难逢之际”的告诫，以一种高度的文化自觉勉励自己。即使在惨遭李陵之祸而“身毁不用”时，司马迁仍以世人罕有的坚强意志忍受着巨大的屈辱和悲痛，以铿锵之笔写出“西伯拘羑里，演《周易》；孔子厄陈、蔡，作《春秋》；屈原放逐，著《离骚》；左丘失明，厥有《国语》；孙子膑脚，而论兵法；不韦迁蜀，世传《吕览》；韩非囚秦，《说难》、《孤愤》；《诗》三百篇，大抵贤圣发愤之所为作也”的激昂文字，并最终完成《史记》这一形塑中华文化精神的不朽巨著[①]。什么是昂扬向上？司马迁父子的机遇与成就，就是对中华民族与中华文化昂扬向上、逐梦前行的文化心态的最好诠释。

其三，中华民族的梦想和追求世世传承、代代守护，展现出持久而强大的延续力和生命力。如在 2 000 多年前，中国古

① 《史记·太史公自序》

人就用优美的文字描绘了“礼义为纪”的小康社会与“天下为公”的大同世界。据《礼记·礼运·大同》篇的描述，这一理想中的大同社会废除了剥削和私有制（“货恶其弃于地也，不必藏于己；力恶其不出于身也，不必为己。”）；人人平等，没有阶级压迫（“天下为公”）；社会管理者道德水平高尚（“选贤与能”）；人与人之间相亲相爱，没有伤害和罪恶（“讲信修睦。故人不独亲其亲，不独子其子”“谋闭而不兴，盗窃乱贼而不作”）；人民各得其所，百姓安居乐业（“使老有所终，壮有所用，幼有所长，矜寡孤独废疾者，皆有所养”）。中华民族这种对美好生活的向往和追求，作为一种精神寄托，传承千年而不衰。中国共产党人继承和发展了中华民族的伟大梦想精神，他们以谋求民族复兴为己任，将国家、民族的梦想与党的目标、党员个人的梦想高度统一起来，同时运用马克思主义的科学理论，在创造性地丰富和发展传统小康、大同梦想内涵的同时，成功开辟了一条实现中国梦的正确道路。新时代弘扬中华民族的伟大梦想精神，要求我们在科学理论的指引下，坚定共产主义远大理想和中国特色社会主义共同理想，为实现中华民族伟大复兴的中国梦而努力奋斗。

三、传承呵护我们“最深厚的文化软实力”

在生生不息、历久弥新的伟大民族精神激励下，中华民族缔造出光辉灿烂、卓世而立的中华优秀传统文化。当今时代，博大精深的中华优秀传统文化，是“我们在世界文化激荡中站稳脚跟的根基”①，是“中华民族的突出优势”②。立足世界百年未有之大变局加速演进的国际背景和到2035年建成社会主义文化强国的宏伟目标，我们应当传承好、呵护好中华优秀传统文化这一“我们最深厚的文化软实力”③，并以马克思主义为指导，推动中华优秀传统文化的创造性转化和创新性发展。

其一，深化认识、把握规律。深入研究中华文化发展历程与发展成就，有助于我们深化关于文化强国关键要素的理性认识，把握文化强国关键要素的建设规律。谈到传统中国的辉煌文化创造，我们一般都能列举诸如两汉、盛唐、两宋等朝代，甚至可以如数家珍地列出这些文化盛世在思想、文学、艺术、科技等领域的非凡文化成就。但是，支撑这些王朝成为文化兴盛之世的关键要素到底有哪些？不同文化盛世的诸关键要素之间是否存在什么一般的特点、共同的特征？深入研究中华文化发展历程与发展成就，无疑可以帮助我们解开上述疑惑。同时，文化是人的创造。传统中国文化盛世的出现，在根本上离不开当时的王朝统治者、主流知识分子和人民大众的积极创建。考察两汉、唐宋之际中华文化发展繁荣的过程就可以发

① 习近平．习近平谈治国理政：第1卷．2版．北京：外文出版社，2018：164.

②③ 同①155.

现，统治者高度的文化自觉意识和开明的文化政策、主流知识分子的担当精神和人民大众的奋发热情，是支撑两汉、唐宋文化之所以走向兴盛的重要原因。那么，不同时代里的文化主体究竟是如何从事文化建设、缔造文化盛世的呢？围绕这些问题进行历史性的考察，有助于我们深刻把握文化强国关键要素的建设规律。习近平总书记曾经指出："历史是最好的老师。在漫长的历史进程中，中华民族创造了独树一帜的灿烂文化，积累了丰富的治国理政经验……中国的今天是从中国的昨天和前天发展而来的。要治理好今天的中国，需要对我国历史和传统文化有深入了解，也需要对我国古代治国理政的探索和智慧进行积极总结。"① 在这里，习近平总书记从新时代的国家治理角度论述了研究我国历史和优秀传统文化，总结古代国家治理经验、智慧、规律的重要性。社会主义文化强国建设是新时代治国理政实践的重要内容。深入研究中国古代的文化盛世及其辉煌成就，无疑有助于我们深化对中国古人开展文化建设经验和规律的认识，有助于推动新时代中国特色社会主义文化强国建设。

其二，增强自信、汲取养分。深入研究中华文化发展历程与发展成就，有助于增强我们对中华优秀历史文化传统的自尊

---

① 习近平在中共中央政治局第十八次集体学习时强调 牢记历史经验历史教训历史警示 为国家治理能力现代化提供有益借鉴．人民日报，2014－10－14.

自信，并在当代中国文化强国建设实践中自觉汲取优秀传统文化的宝贵养分。古代中华民族一直有着高度的文化自信心和文明自豪感，近代中西文明相遇以来，中华民族的文化自尊和文化自信在西方强势文明的侵袭下逐步流失、层层剥落，一度走向“全盘西化论”的极端。因此，在谋求中华文化的发展和进步过程中，如何看待自身的历史文化传统，成为一个绕不开、躲不过的大问题。是视如敝履、全盘否弃，还是珍视呵护、继往开来？深入研究中国传统文化兴盛之世，有助于我们解开上述疑惑。事实上，20 世纪 30 年代前后，在胡适、陈序经等人倡导的“全盘西化论”甚嚣尘上之际，中国学术界悄然兴起一股“中国文化热”，以柳诒徵、常乃悳、王德华、陈登原等为代表的一批有重要影响的学者推出了多部中国文化史研究的经典之作。他们研究中国文化史的重要目的，就是要振奋国人的文化自信心，并引导国人在时下的文化建设中汲取历史的养分。如陈登原在其撰写于 1931 年、出版于 1935 年前后的《中国文化史》一书中明确提出“为何治中国文化史”的问题。陈登原把中国古人创造的灿烂文化喻作可令人敬仰的“故家乔木”，他说：“式敬乔木，固感旧者所必然，而张大其门户，亦后起者所必须磨砺以赴之者耳。”① 在山河破碎、文化飘零的中国近代社会，他鼓舞人们振作精神，继承具有“泱泱大国之

① 陈登原．中国文化史：上册．北京：商务印书馆，2014：51.

风”的优秀传统，创造中华文化的新辉煌。甚至在陈登原看来，传承弘扬中华优秀传统文化，不仅有助于中华文化的未来发展，而且有益于世界文化的进步（“如有感于畴昔，冀有策于将来，则岂徒中国受其利哉？世界亦图赖之已”[①]），从而体现着以陈登原为代表的近代学者的文化自信心。王德华在《中国文化史略》中亦明确指出：“中国人之应当了解中国文化，则无疑问，否则，吾族艰难奋斗、努力创造之历史，无由明了，而吾人之民族意识，即无由发生，民族精神即无由振起。”[②] 也正是在这一意义上，毛泽东于《新民主主义论》中深刻强调，“中国的长期封建社会中，创造了灿烂的古代文化。清理古代文化的发展过程，剔除其封建性的糟粕，吸收其民主性的精华，是发展民族新文化提高民族自信心的必要条件”[③]。在全面对外开放的当今时代背景下建设和发展中国特色社会主义文化，仍然需要我们以礼敬自豪的态度对待优秀传统文化，深入研究优秀传统文化，从传统中国的辉煌文化创造中吸收精华和养分，以助推社会主义文化强国建设。

其三，创新发展、实现复兴。深入研究中华文化发展历程与发展成就，有助于我们切实推动优秀传统文化的创造性转化

① 陈登原．中国文化史：上册．北京：商务印书馆，2014：52.

② 郑师渠．中国文化通史：先秦卷．北京：北京师范大学出版社，2009.

③ 毛泽东．毛泽东选集：第2卷．2版．北京：人民出版社，1991：707－708.

和创新性发展，助力实现中华文明的伟大复兴。文化是人的创造，具有历史性与时代性特征，文化发展是继承与创新的辩证统一。只有在继承的基础上才能实现文化的创新，同时，也只有在创新的前提下才能实现更好的文化传承。中国共产党从成立之日起，既是中国先进文化的积极引领者和践行者，又是中华优秀传统文化的忠实传承者和弘扬者。早在延安时期，我们党就高度重视对中华优秀传统文化的继承与创新。如毛泽东强调我们对于传统文化“决不能无批判地兼收并蓄。必须将古代封建统治阶级的一切腐朽的东西和古代优秀的人民文化即多少带有民主性和革命性的东西区别开来。”① 我们党带领人民创造的中国特色社会主义文化，深深植根于具有 5 000 多年历史的中华优秀传统文化的丰厚土壤，是对优秀传统文化的继承和发展。新时代弘扬优秀传统文化，重点是立足当下、着眼未来，推动优秀传统文化的创造性转化和创新性发展。党的十八大以来，以习近平同志为核心的党中央高度重视中华优秀传统文化的“两创”工作。在十八届中央政治局第十二次集体学习时，习近平总书记强调，“要使中华民族最基本的文化基因与当代文化相适应、与现代社会相协调，以人们喜闻乐见、具有广泛参与性的方式推广开来，把跨越时空、超越国度、富有

---

① 毛泽东．毛泽东选集：第 2 卷．2 版．北京：人民出版社，1991：708.

永恒魅力、具有当代价值的文化精神弘扬起来”①。而要实现这一目标并非易事，需要我们以马克思主义的科学世界观和方法论为指导，对优秀传统文化，尤其是中华先民在文化兴盛之世的辉煌创造进行深入研究和系统考察。

① 习近平．习近平谈治国理政：第 1 卷．2 版．北京：外文出版社，2018：161.

第二章

激越升腾的国力支撑

新中国成立 70 余年来，中国共产党团结带领中国人民披荆斩棘、风雨兼程，于一穷二白中砥砺奋进、上下求索，用短短几十年的时间实现了从站起来、富起来到强起来的伟大飞跃。今天我国综合实力显著增强，为中华文化的繁荣兴盛提供了坚实雄厚的国力支撑，中华文化在新时代焕发出蓬勃生机与活力。

一、“软实力”离不开“硬基础”

“一个国家的硬实力，既包括土地、矿藏、人口、生物、江河湖海等资源，也包括军事力量、经济力量和科技力量。……软实力则更多地体现为一种精神力量，它既包括语言、文学、艺术、习俗、宗教等文化影响力，又包括意识形态、政治制度和外交事务中的影响力。”① 从二者关系来看，作为一种精神力量，软实力离不开经济基础提供的物质支撑，同时又能反过来影响硬实力的发展。但归根结底，一个国家的软实力只能建立在硬实力的基础之上，其作用的发挥也往往受制于“硬基础”的制约。

软实力在不同话语背景下有着不同的内涵和价值取向。“软实力”这一概念最早由美国学者约瑟夫·奈明确提出。在其笔下，软实力指的是一种“影响力”，即“能够影响他人喜好的能力”②；一种“吸引力”，即“通过吸引而非强迫或收买的手段来达到自己所愿的能力”③；一种“同化力”，即“一个国家可创造出一种环境，使其他国家能模仿该国的方式来考虑自己的发展，确定自己的利益”④ 的能力。他认为一个国家的软实力包括“文化（在能对他国产生吸引力的地方起作用）、

① 沈壮海，等．吸引力、影响力、文化软实力：中国特色社会主义文化建设．武汉：武汉大学出版社，2014：28.

② 奈．软实力：世界政坛成功之道．吴晓辉，钱程，译．北京：东方出版社，2005：5.

③ 同②2.

④ 奈．美国定能领导世界吗．何小东，等译．北京：军事译文出版社，1992：158-159.

政治价值观（当它在海内外都能真正实践这些价值时）及外交政策（当政策被视为具有合法性及道德威信时）”[①]，其中文化在软实力中占据举足轻重的地位。然而，我们应当注意的是，约瑟夫·奈这一理论的提出是为了驳斥“美国衰落论”，为了在国际关系中吸引、影响、同化他国，以实现美国制约、控制他国的意图，从而在世界多极化背景下确保美国的霸权和领导地位。可见，这一套充满美国话语色彩的软实力理论并不适用于我国的实际情况，不能拿来就用。习近平总书记在哲学社会科学工作座谈会上就明确强调：“我们既要立足本国实际，又要开门搞研究。对人类创造的有益的理论观点和学术成果，我们应该吸收借鉴，但不能把一种理论观点和学术成果当成‘唯一准则’，不能企图用一种模式来改造整个世界，否则就容易滑入机械论的泥坑。一些理论观点和学术成就可以用来说明一些国家和民族的发展历程，在一定地域和历史文化中具有合理性，但如果硬要把它们套在各国各民族头上、用它们来对人类生活进行格式化，并以此为裁判，那就是荒谬的了。对国外的理论、概念、话语、方法，要有分析、有鉴别，适用的就拿来用，不适用的就不要生搬硬套。哲学社会科学要有批判精神，这是马克思主义最可贵的精神品质。”[②] 因此，我们对待约瑟

---

① 奈．软实力：世界政坛成功之道．吴晓辉，钱程，译．北京：东方出版社，2005：11.

② 习近平．在哲学社会科学工作座谈会上的讲话．人民日报，2016－05－19.

夫·奈软实力理论的正确态度应该是，立足当下中国实际状况，紧密结合我国国情，坚持中国人的世界观、方法论去分析鉴别，积极吸收借鉴其中的合理成分，批判其中的不合理之处，避免陷入“跟着说”的困境之中，在此基础上形成具有中国特色的软实力话语和软实力理论。

文化软实力已经成为一个具有中国特色的概念。在我们党的重要文献中，“文化软实力”正式提出于 2007 年 10 月。党的十七大报告明确指出，“要坚持社会主义先进文化前进方向，兴起社会主义文化建设新高潮，激发全民族文化创造活力，提高国家文化软实力”。在这里，我们党开始以“提高国家文化软实力”为对社会主义文化发展战略的集中概括。当前，文化软实力已经成为党的理论体系中的一个重要范畴，其基本内涵即“文化力”或“文化国力”，它“集中体现了一个国家基于文化而具有的凝聚力和生命力，以及由此产生的吸引力和影响力”①。文化软实力对内主要体现为一国思想文化、价值观等对本国人民的凝聚力、引导力和驱动力，对外则体现为一国文化对他国所具有的吸引力和影响力。从价值取向来看，我国的文化软实力理论是基于对文化在综合国力中重要作用的意识觉醒，旨在专注自身的文化建设，在平等尊重的基础上，主张和

① 中共中央宣传部. 习近平总书记系列重要讲话读本. 北京：学习出版社，2016：206-207.

而不同，在交流交融、互学互鉴中提升中华文明的影响力、凝聚力、感召力，实现中华民族和中华文化的伟大复兴，从而让中华民族以更加自信、更加自强的姿态屹立于世界民族之林，而绝非妄图左右或控制他国甚或称霸世界。

只有建立在坚实的硬基础之上，软实力才能成为真正的实力。文化，究其本质，是观念形态的精神生产，属于上层建筑的领域，建立在经济基础之上并由经济基础决定。唯物史观认为："人们首先必须吃、喝、住、穿，然后才能从事政治、科学、艺术、宗教等等；所以，直接的物质的生活资料的生产，从而一个民族或一个时代的一定的经济发展阶段，便构成基础，人们的国家设施、法的观点、艺术以至宗教观念，就是从这个基础上发展起来的，因而，也必须由这个基础来解释，而不是像过去那样做得相反。"① 这就科学指出了物质生产活动对包括文化活动在内的其他一切活动的决定性作用。人们只有获得了基本的物质生活资料，才有可能进行文化活动，物质生产活动决定着建立其上的文化和文化活动，因而文化的繁荣兴盛也应该从这个"硬基础"之上寻找原因。唯有如此，关于人类文化和文化活动的种种复杂现象才能得到彻底的说明。在当代中国，中国特色社会主义生产力和生产关系所建立的经济基

① 马克思，恩格斯．马克思恩格斯文集：第 3 卷．北京：人民出版社，2009：601.

础的不断发展壮大，培育了中华文化繁荣兴盛的时代沃土。正如恩格斯所指出的，“不论在法国或是在德国，哲学和那个时代的普遍的学术繁荣一样，也是经济高涨的结果。经济发展对这些领域也具有最终的至上权力”①。物质硬基础对文化软实力的决定性作用如此明确，以至于约瑟夫·奈在论及软实力与硬基础之间的关系时也不得不承认：“一国经济和军事的衰落不仅使其丧失硬力量，也能使其丧失部分影响国际议程的能力，并丧失自身的部分吸引力。”② 总之，一定的文化是对一定社会经济政治的反映，并随着经济、政治的发展而发展，一个经济发达、政治清明的国家，其文化往往也能够不断繁荣兴盛。

当今世界的文化强国往往也都是在物质生产领域占据一定主导权的国家。以英国、法国、美国为代表的资本主义国家，在文化生产与传播领域均处于世界领先地位。这些文化强国有一个共同点，即都是在物质生产领域占据全球发展主导权的发达资本主义国家。以英国为例，其软实力的强盛体现在文学艺术、科技创新、新闻出版等多个领域。习近平总书记就曾在伦敦金融城市长晚宴的演讲上高度赞扬英国文化：“此时此刻，

---

① 马克思，恩格斯．马克思恩格斯选集：第4卷．3版．北京：人民出版社，2012：612.

② 奈．软实力：世界政坛成功之道．吴晓辉，钱程，译．北京：东方出版社，2005：9.

有关英国的记忆不断在我脑海中闪现，我想到了英国资产阶级革命、工业革命、宪章运动、诺曼底登陆，想到了莎士比亚、拜伦、雪莱、萧伯纳，想到了培根、克伦威尔、丘吉尔，想到了托马斯·莫尔、约翰·洛克、亚当·斯密、达尔文、阿诺德·汤因比、李约瑟，想到了《双城记》、《雾都孤儿》、《简·爱》、《鲁滨逊漂流记》，想到了福尔摩斯，当然还有卡尔·马克思、弗里德里希·恩格斯……”① 英国文化软实力的强盛可见一斑，而这一切都离不开其国家硬实力所提供的坚实支撑。英国是最先开启并完成工业革命的国家，也是最早开创君主立宪政体的国家，一度是傲视全球的“日不落帝国”，国家硬实力异常强大。可以说，英国发达的工业基础和雄厚的综合国力为其文化软实力的强盛提供了坚实的物质基础。英国如此，美国、法国亦是如此。它们拥有先进的科学技术和强硬的经济实力，支撑其建立强大的媒体宣传工具，保证在文化软实力建设方面的投入，为其价值观念和思想文化传播并渗透到世界各地保驾护航。同时，英、法、美硬实力的强大也往往使其思想和文化观念更具吸引力和影响力。

中华文化之兴离不开硬实力之强。国强兴文化，盛世修巨典。纵观 5 000 年的中华文明史，传统中国的文化盛世无不出

---

① 习近平．共倡开放包容共促和平发展：在伦敦金融城市长晚宴上的演讲．人民日报，2015-10-23.

现于政治清明、经济繁荣、社会进步、综合国力蒸蒸日上的大一统时期。以汉唐为例，汉唐时代中华文化的繁荣兴盛与两汉、李唐王朝的辽阔疆域、雄健国力密不可分。据史书记载，汉代时我国人口就超过 6 000 万，垦地超过 8 亿亩。唐代长安城面积超过 80 平方公里，人口超过 100 万，城市建筑金碧辉煌，东西两市繁华喧闹，诗人岑参就有“长安城中百万家”的诗句。可以说，汉唐时代中华民族睥睨四方、傲然挺立的强大硬实力，正是汉唐文化软实力得以发达进步的重要物质基础。汉唐时期中华民族在文化领域的发明发现、创新创造数不胜数，古代中国“四大发明”中的造纸术、火药和印刷术等均出现在汉唐时期，绝非历史的偶然。此外，华美雄奇的辞赋、万花竞绽的诗歌、酣放茂郁的散文、汪洋恣意的书法、千姿百态的绘画、盛大欢腾的乐舞等文学艺术成就，更是见证着汉唐文化软实力的繁华鼎盛。此外，汉唐时期的文化软实力还走出国界，辐射四方。汉代开辟丝绸之路，周边数十个国家因钦慕汉文化而争相与中国建立外交关系，唐朝时期中国更是与当时世界上 300 多个国家和地区建立了往来关系。与汉唐拥有独步东亚的强大硬实力相区别，赵宋王朝的军事实力在辽、夏、金、蒙等政权挤压下并不占优势。但是宋朝的经济却空前繁荣，北宋时期的国家税收峰值达到 1.6 亿贯，是当时世界上最富裕的国家。正是雄厚的经济硬基础推动两宋文化攀向中国古代文化史上空前绝后的发展顶峰。国运强则文化兴，国运弱则文化衰。近代工业革命发生后，我国在物质生产和经济发展方面逐渐落伍。鸦片战争后，我国封建时代自给自足的自然经济逐渐解体，尽管民族工业也有一些发展，如上海的“十里洋场”、天津的工业、武汉的军工生产曾名震一时，但半殖民地半封建时期的中国社会总体上贫穷落后、战乱不已，在时代前进潮流中暂时掉了队。国运困厄，文化亦随之衰颓，近代中国文化的吸引力、影响力亦随之受挫，以至于当时不少国人只知有他国，而不知有本国，“稍稍耳新学之语，则亦引以为愧，翻然思变，言非同西方之理弗道，事非合西方之术弗行，掊击旧物惟恐不力。”① 在此背景下，中华文化生命力的绽放，无疑有待国家综合实力，尤其是硬实力的重新振作。

新时代中华文化之兴，根本上得益于新中国成立以来特别是改革开放以来长期积累的雄厚物质基础。新中国成立以来，尤其是改革开放以来，尽管遇到各种困难和挑战，意气风发的中国人民在中国共产党的带领下创造了第二次世界大战结束后中国经济高速增长且持续时间最长的发展奇迹。我国经济总量的世界排名，改革开放之初是第十一位，21 世纪以来如旭日东升，其中，2005 年超过法国位居第五，2006 年超过英国位居第四，2007 年超过德国位居第三，2009 年超过日本位居第二。2010 年我国制造业规模超过美国居世界第一。我们用几

---

① 鲁迅．鲁迅全集：第 1 卷．北京：人民文学出版社，1981：44.

十年时间走完了发达国家几百年走过的发展历程，创造了世界现代化史上的非凡奇迹。当前，中国特色社会主义进入新时代，久经磨难的中华民族实现了从站起来、富起来到强起来的伟大飞跃。在此基础上，我国文化事业蒸蒸日上，文化产业迅猛发展，中华文化传播力、影响力不断提高。正如新中国成立后毛泽东的科学预见："随着经济建设的高潮的到来，不可避免地将要出现一个文化建设的高潮。中国人被人认为不文明的时代已经过去了，我们将以一个具有高度文化的民族出现于世界。"① 今天的中华文化正在经济社会大发展背景下迸发出不可遏制的繁荣势头。

二、"中国奇迹"彰显中华文化魅力

新中国成立 70 余年尤其是改革开放 40 多年来，中国共产党领导中国人民以不舍昼夜的奋斗，锐意进取、砥砺前行，创造了一个又一个世所罕见的"中国奇迹"。经济社会发展领域中的一个个传奇，有力彰显着中国精神、中国价值、中国力量，有力彰显着中华文化的独特魅力。

新中国成立 70 多年尤其是改革开放 40 多年来，中国在经

---

① 毛泽东．毛泽东文集：第 5 卷．北京：人民出版社，1996：345.

济社会发展领域创造了无数的“中国奇迹”。新中国成立初期，面对一穷二白、百废待兴的局面，毛泽东感慨道：“现在我们能造什么？能造桌子椅子，能造茶碗茶壶，能种粮食，还能磨成面粉，还能造纸，但是，一辆汽车、一架飞机、一辆坦克、一辆拖拉机都不能造。”① 70多年弹指一挥间，中国已经从落后的农业国发展成为社会主义工业大国、制造大国，中国国内生产总值超越西方资本主义诸强，成为世界第二大经济体、第一贸易大国。按照2019年我国经济总量数据和人均GDP数据计算，1952—2019年，中国GDP保持了年均8.1%的高速度增长，在全球主要经济体中排名第一，2019年人均GDP 70 892元，按年平均汇率折算达到10 276美元，首次突破1万美元大关，与高收入国家差距进一步缩小。如果按1978年不变价估算，我国GDP、人均GDP、居民消费水平都提高了20～30倍。我们可以充满自豪地说，我们用几十年时间在一穷二白的基础上、在西方国家不时的孤立封锁情况下，走完了发达国家几百年走过的发展历程，在社会主义制度下开启了世界规模最大的现代化之旅，这在人类历史上从未有过，不能不说是人类社会发展史上的一大奇迹。

经济领域的“中国奇迹”助力书写世界减贫史上的“中国奇迹”。谁都无法否认，中国书写了人类社会发展史上最成功

---

① 毛泽东．毛泽东文集：第6卷．北京：人民出版社，1999：329.

的脱贫故事，作出了人类减贫脱贫事业的中国贡献。1978 年，中国有近 7.7 亿贫困人口，农村贫困发生率为 97.5%。经过 40 年的不懈奋斗，2018 年中国贫困人口减至 1 660 万，农村贫困发生率降低到 1.7%。按照世界银行每人每天 1.9 美元的国际贫困标准，改革开放 40 多年来，我国 8 亿多人口实现脱贫，对世界减贫贡献率超过 70%，是全球最早实现千年发展目标中减贫目标的发展中国家。联合国贸易和发展会议发表的一份研究报告指出，中国为全球减贫事业作出巨大贡献："如果不把中国计算在内，全球贫困人口不但没有减少，反而在增加。"① 党的十八大以来，党和国家的脱贫攻坚成就更加引人注目。2013—2018 年，我国农村贫困人口累计减少 8 000 多万，每年减贫人数都保持在 1 200 万以上，贫困发生率从 10.2%下降到 1.7%。按照每人每年 2 300 元（2010 年不变价）的农村贫困标准计算，2019 年年末农村贫困人口 551 万，1 109 万农村贫困人口脱贫，连续 7 年减贫 1 000 万人以上；贫困发生率为 0.6%，比上年下降 1.1 个百分点，向着消除绝对贫困迈出一大步。贫困地区居民收入较快增长。2013 年至 2019 年，我国 832 个贫困县农民人均可支配收入由 6 079 元增加到 11 567 元，年均增长 9.7%，比同期全国农民人均可支配收入增幅高 2.2 个百分点。全国建档立卡贫困户人均纯收入由

① 钟声．迈向没有贫困、共同发展的未来．人民日报，2019－10－18.

2015 年的 3 416 元增加到 2019 年的 9 808 元，年均增幅 30.2％。2019 年贫困地区农村居民人均可支配收入 11 567 元，比上年增长 11.5％；扣除价格因素实际增长 8.0％，快于全国农村居民人均可支配收入实际增速 1.8 个百分点。脱贫攻坚力度之大、规模之广、成效之显著，前所未有、世所罕见，中国的减贫对世界减贫作出了巨大贡献。

2020 年是新中国发展史上，乃至整个中华民族发展史上具有重要里程碑意义的一年。2020 年伊始，中国共产党团结带领全国各族人民吹响了决胜全面建成小康社会、决战脱贫攻坚的奋斗号角。就在中华民族憧憬千年的美好社会梦想即将真正实现的历史节点上，在 14 亿中国人民即将缔造出人类反贫困斗争史上不朽传奇的关键时期，新冠肺炎疫情突袭而至，迅猛爆发。面对严重威胁人民生命安全和身体健康的严峻疫情，以习近平同志为核心的党中央，统揽全局，果断决策，团结带领全党全国各族人民坚决打响疫情防控的人民战争、总体战、阻击战。经过波澜壮阔的抗疫大战，中国人民和中华民族取得疫情防控斗争重大战略成果。与之同时，习近平总书记和党中央统筹推进常态化疫情防控与经济社会复苏发展，带领亿万人民乘势而上、攻坚克难，推动中国经济在 2020 年取得 GDP 增幅达 2.8％的亮眼成绩，成为疫情影响下全球唯一实现经济正增长的主要经济体，并最终取得全面建成小康社会的伟大历史性成就，取得决战脱贫攻坚决定性胜利，提前 10 年实现了联合国 2030 年可持续发展议程的减贫目标。2021 年 7 月 1 日，习近平总书记在庆祝中国共产党成立 100 周年大会上庄严宣告："经过全党全国各族人民持续奋斗，我们实现了第一个百年奋斗目标，在中华大地上全面建成了小康社会，历史性地解决了绝对贫困问题，正在意气风发向着全面建成社会主义现代化强国的第二个百年奋斗目标迈进。这是中华民族的伟大光荣！这是中国人民的伟大光荣！这是中国共产党的伟大光荣！"[①] 总的来说，中国共产党领导下的社会主义中国成功走出了一条中国特色扶贫开发道路，形成了中国特色脱贫攻坚制度体系，书写了人类历史上最成功的脱贫故事。

在新中国 70 余年峥嵘岁月里，中国共产党带领人民实现了从科技弱国迈向科技强国的奋进之旅。从新中国初期"向科学进军"的铿锵号召到改革开放初期"科学技术是第一生产力"的重大判断，从实施科教兴国战略到建设创新型国家目标，从实施创新驱动发展战略到开启建设世界科技强国新征程的历史跨越，中国科技实力伴随着经济发展同步壮大，走出了一条有中国特色的科技创新道路，创造了世界科技发展领域的中国奇迹。70 多年来，从"中国制造"到"中国智造"，我们建成了三峡大坝、青藏铁路、京沪高铁、京广高铁、西气东

① 习近平．在庆祝中国共产党成立 100 周年大会上的讲话．人民日报，2021-07-02.

输、南水北调等举世瞩目的工程，建成了有六个世界之最的港珠澳大桥，建成了其他国家不敢开挖的卡姆奇克隧道，建成了以 3.5 万公里里程而位居世界第一的中国高铁。从“两弹一星”到载人航天，从探月工程到载人深潜，从 C919 大型客机到复兴号动车组，以及世界最大单口径射电望远镜、“天宫”、“蛟龙”、“悟空”、“墨子”、“北斗”等重大科技成果层出不穷，“嫦娥四号”实现人类首次月背软着陆，“嫦娥五号”圆满完成无人月面取样，我国首艘自主设计、自主配套、自主建造的国产航母山东舰驶向深蓝，一个个科技奇迹让世人刮目相看。近年来，我国科技创新引领作用进一步增强。2019 年，我国位列全球创新指数排名第 14 位，比上年上升 3 位，创新投入较快增长。2019 年全国研究与试验发展（R&D）经费支出比上年增长 10.5%，占国内生产总值之比重为 2.19%。当前的中国已成为具有重要国际影响力的科技创新大国，并正向着世界科技强国的宏伟目标阔步前进。今天的中国展现给世界的不再是古老的瓷器和青铜器，而是中国科技奇迹背后引领全球的先进技术和理念，是新时代中国人民的自主创新精神和工匠精神。

中国共产党带领人民创造了抗击新冠肺炎疫情的“中国奇迹”。2020 年初，一场疫情突如其来，迅速席卷全球。疫情给世界经济发展带来不可估量的负面影响。新冠肺炎疫情可以说是百年来全球发生的最严重的传染病大流行，是新中国成立以来遭遇的传播速度最快、感染范围最广、防控难度最大的重大突发公共卫生事件。面对突袭而至的疫情，党中央坚持把人民生命安全和身体健康放在第一位，统揽全局、果断决策。中国人民风雨同舟，举全国之力实施规模空前的生命大救援，用 10 多天时间先后建成火神山医院和雷神山医院，大规模改建 16 座方舱医院，迅速开辟 600 多个集中隔离点，19 个省区市对口帮扶除武汉以外的 16 个市州，460 多万个基层党组织冲锋陷阵，400 多万名社区工作者在全国 65 万个城乡社区日夜值守，各类民营企业、民办医院、慈善机构、养老院、福利院等积极出力，广大党员、干部带头拼搏，人民解放军指战员、武警部队官兵、公安民警奋勇当先，广大科研人员奋力攻关，数百万快递员、环卫工人冒疫奔忙，新闻工作者深入一线，千千万万志愿者和普通人默默奉献。在疫情的“风暴之眼”和“决胜之地”武汉及湖北其他地区，346 支国家医疗队、4 万多名医务人员毅然奔赴前线，最终用 1 个多月的时间初步遏制疫情蔓延势头，用 2 个月左右的时间将本土每日新增病例控制在个位数，用 3 个月左右的时间取得武汉保卫战、湖北保卫战的决定性胜利。

在奋勇取得全国抗疫斗争重大战略成果基础上，党中央统筹兼顾，抓紧恢复经济生产和社会生活秩序，取得显著成效。在世界主要经济大国中，中国是携经济正增长的亮眼成绩走出新冠肺炎疫情危机的唯一国家。根据中国国家统计局公布的

2020 年上半年经济数据，尽管 1 月至 6 月中国国内生产总值按可比价格计算，同比下降 1.6%，但二季度经济增长了 3.2%。中国经济稳步复苏，工业和服务业积极成长，社会消费品零售总额和固定资产投资降幅都大幅收窄。上半年全国网上零售额同比增长 7.3%。我国在疫情防控和经济恢复上都走在世界前列，显示了中国的强大修复能力和旺盛生机活力。与此同时，中国还同世界各国携手合作、共克时艰，为全球抗疫贡献了智慧和力量。在自身疫情防控面临巨大压力的情况下，尽己所能为国际社会提供援助，宣布向世界卫生组织提供两批共 5 000 万美元现汇援助，向 32 个国家派出 34 支医疗专家组，向 150 个国家和 4 个国际组织提供 283 批抗疫援助，向 200 多个国家和地区提供和出口防疫物资。从 2020 年 3 月 15 日至 9 月 6 日，我国总计出口口罩 1 515 亿只、防护服 14 亿件、护目镜 2.3 亿个、呼吸机 20.9 万台、检测试剂盒 4.7 亿人份、红外测温仪 8 014 万件，有力支持了全球疫情防控。中国的抗疫奇迹，充分展现了中国共产党领导和我国社会主义制度的显著优势，充分展现了中国人民和中华民族的伟大力量，充分展现了中华文明的深厚底蕴，充分展现了中国负责任大国的自觉担当，极大增强了全党全国各族人民的自信心和自豪感、凝聚力和向心力，激励我们在新时代新征程上披荆斩棘、奋勇前进。

一个个“中国奇迹”令世界瞩目，彰显着中国精神、中华文化魅力。新中国成立 70 余年来尤其是改革开放 40 余年来在经济、科技等各个领域所创造的中国奇迹，彰显了以爱国主义为核心的民族精神和以改革创新为核心的时代精神，彰显了中华儿女自力更生、艰苦奋斗、吃苦耐劳、不屈不挠、迎难而上、无私奉献、团结协作、与时俱进、改革创新、敢为人先、不驰于空想、不骛于虚声的国民性格。今天，中国经济社会的发展奇迹仍在继续。正是这蒸蒸日上的伟大事业，为中华文化的繁荣兴盛提供了坚实支撑，以至于世界上许多国家纷纷表示要探寻“中国奇迹”背后的文化密码，学习中国治国理政经验。《习近平谈治国理政》畅销 160 多个国家和地区，中国智慧、中国方案、中国文化在全球散发出璀璨光芒。

三、文化发展有力提振综合国力

国家之魂，文以化之，文以铸之。文化是一个国家、一个民族的灵魂，文化兴则国运兴，文化强则民族强。作为经济社会“硬基础”之上的“软实力”，文化对经济社会发展具有重要反作用，并最终有力促进综合国力的繁荣发展。因此，文化软实力日益成为世界各国综合国力竞争的关键要素。在当代中国，没有高度的文化自信，没有中华文化的繁荣兴盛，就没有中华民族的伟大复兴。

作为上层建筑的文化对经济基础具有反作用。从根本上说，经济基础决定上层建筑，文化软实力的强大与否取决于硬实力是否雄厚。但上层建筑对经济基础也具有反作用，当上层建筑能够适应经济基础的现实状况时，它就能为经济基础的壮大提供精神动力和智力支持，从而推动经济基础的发展完善。正如马克思主义素来强调的，先进的思想文化一旦被群众掌握，就会转化为强大的物质力量；反之，落后的、错误的观念如果不破除，就会成为社会发展进步的桎梏。

文化软实力是综合国力的重要组成部分，越来越成为综合国力竞争的核心。一个国家的综合国力既包括经济、政治、军事等硬实力，同时也包括文化软实力，硬实力为综合国力提供物质基础，文化软实力则为综合国力提供政治法律制度、精神动力以及智力支持。文化软实力作为综合国力的重要组成部分，不仅能够以独立的经济形态直接促进综合国力的提升，而且能够通过对国家各种资源的整合与经济、政治、军事等有形物质力量相互协调，来有力提振综合国力。“天下莫柔弱于水，而攻坚强者莫之能胜。”文化软实力虽然是一种无形的力量，却能攻坚克强，以柔克刚。“当今世界正处在大发展大变革大调整时期，文化在综合国力竞争中的地位和作用更加凸显，维护国家文化安全任务更加艰巨，增强国家文化软实力、中华文化国际影响力要求更加紧迫。当代中国进入了全面建设小康社会的关键时期和深化改革开放、加快转变经济发展方式的攻坚时期，文化越来越成为民族凝聚力和创造力的重要源泉、越来越成为综合国力竞争的重要因素、越来越成为经济社会发展的重要支撑，丰富精神文化生活越来越成为我国人民的热切愿望……”① 没有文化的积极引领，没有人民精神世界的极大丰富，没有全民族精神力量的充分发挥，一个国家、一个民族不可能屹立于世界民族之林。在传统的国际关系中，以经济、军事为代表的有形硬实力是衡量一个国家综合国力的绝对标尺。但自冷战以来，随着经济全球化、世界多极化深入发展，文化软实力在综合国力竞争中的地位和作用越来越突出。2014 年 3 月“两会”期间，习近平总书记参加贵州代表团审议讨论时指出，“体现一个国家综合实力最核心的、最高层的，还是文化软实力”。习近平总书记用“最核心”“最高层”两个形容词高度肯定了文化软实力在综合国力中的地位和作用。

文化软实力在综合国力中的地位和作用，从当前各国对其的重视程度中可见一斑。美国不仅通过各种财政金融政策，加大对文化产业的经费支持，而且大力开展文化外交，增强美国文化对外影响力。英国作为老牌的工业化强国历来注重文化发展。英国首相丘吉尔曾在一次演讲中说英国宁愿失去一个印度，也不愿失去一个莎士比亚。在积极参与当今时代的激烈国

---

① 中共第十七届六中全会全体会议公报（全文）．（2011－10－18）．https：//china. huanqiu. com/article/9CaKrnJsMZN.

际竞争时，英国又率先提出“创意产业”概念，立志通过鼓励文化创新形成文化产业的强劲竞争力。德国也十分重视文化软实力建设，将文化发展作为一项国家战略，提出建设创意国度、深化文化外交的方针，甚至成立文化与创意产业事务中心。法国更是较早注重文化外交的国家之一，并且始终将文化视为综合国力的重要源泉，不仅给文化活动以高额补贴，而且每年拨出几十亿法郎用于支持文化的发展。俄罗斯长期以来一直想要实现民族文化的复兴，2016 年在普京总统的推动下颁布了《2030 年前俄罗斯联邦国家文化政策战略》，将“形成新的国家文化政策价值导向、保障国家文化安全、保护文化遗产和资源以及强化俄罗斯公民文化教育”作为文化复兴计划的总目标①。日本则早在 1995 年就提出了 21 世纪的文化立国方略。韩国提出“韩国文化世界化”的口号，并颁布《21 世纪文化产业的设想》《文化产业振兴基本法》等一系列政策法规，试图在激烈的文化竞争中谋得一席之地。当世强国之所以高度重视文化软实力建设，重要原因之一是文化能够直接促进综合国力的增强。文化软实力可以直接体现为文化生产力，可以通过文化产业这一独立的经济形态直接带动经济的增长，甚至成为国民经济的重要支柱。比如英国创意产业年平均产值接近

① 李琳．俄罗斯联邦国家文化战略解析．红旗文稿，2016（8）.

600 亿美元，占国民生产总值的 8%左右，超过任何一种传统制造业创造的产值①。而统计数据显示，英国数字、文化、媒体和体育领域相关产业产值已达到 2 680 亿英镑，其中创意产业为英国经济作出了创纪录的贡献，产值超过 1 000 亿英镑②。

近年来我国文化产业也呈现蓬勃发展之势，越来越成为国民经济体系中至关重要的增长动力和发展支撑。从 2004 年开始用相对完整的文化产业统计体系以来，我国文化产业的统计产值一直保持高位增速，甚至大幅超过同期的 GDP 增速。从对经济增长的贡献看，2004—2012 年，文化产业对 GDP 增量的年平均贡献率为 3.9%，2013—2018 年进一步提高到 5.5%。2019 年我国文化产业继续保持平稳较快发展，根据国家统计局数据，全国规模以上文化及相关产业企业实现营业收入 86 624 亿元，比上年增长 7.0%，且产业结构不断升级优化。

伴随着“文化走出去”新格局的形成，中华文化对外影响力日益增强，国家文化软实力也进一步得到提升。其一，近年来我国文化贸易快速增长，文化产品的进出口总额稳步扩大。2018 年，我国文化产品进出口总额为 1 023.8 亿美元，为 2005 年的 5.5 倍。其二，我国文化贸易伙伴呈现多元化格局。

---

① 熊澄宇．英国创意产业发展的启示．求是，2012（7）.

② 宋佳烜．产业战略与教育政策出现分歧 人才断层或致英国创意产业发展后劲不足．中国文化报，2019-02-01.

2018年，美国、荷兰、英国和日本为我国文化产品出口前四大市场。其三，文化对外投资有序推进。越来越多具有规模和实力的文化企业积极在海外投资，已成为我国文化领域对外投资的重要力量。可以说，文化产业的蓬勃发展为中华文化更好地走出去奠定了坚实基础，有力推动了中华文化的对外传播，让更多的国家了解了中华文化的魅力，增强了中华文化的吸引力和影响力。

总之，中华文化在今天的繁荣兴盛离不开激越升腾的国力支撑，是中国强大硬实力在精神文化领域的体现，有着牢固的物质基础。与此同时，中华文化的繁荣兴盛、中国软实力的有效提振也反过来成为助推经济社会发展的强大动力。我们相信，在当代中国经济社会硬实力与中华文化软实力相互促进、相得益彰的良性交互中，中华文明在新时代定能继续熠熠生辉，谱写璀璨华章。

第三章

科学先进的价值内核

核心价值观是文化的灵魂，是文化软实力建设的重点，是决定文化性质和方向的最深层次要素。一个国家的文化软实力，从根本上说，取决于其核心价值观的生命力、凝聚力、感召力。正如习近平总书记在十八届中央政治局第十二次集体学习时深刻指出的，“价值观念在一定社会的文化中是起中轴作用的，文化的影响力首先是价值观念的影响力。世界上各种文化之争，本质上是价值观念之争”[①]。我们今天所培育倡导的社会主义核心价值观，具有严整的科学依据、深厚的历史底蕴、牢固的现实基础、强大的道义力量，为新时代中国特色社

① 中共中央文献研究室．习近平关于社会主义文化建设论述摘编．北京：中央文献出版社，2017：105.

会主义文化的繁荣兴盛提供着有力的价值支撑。

一、社会主义核心价值观的科学依据

社会主义核心价值观以马克思主义为指导，体现着社会主义的性质和本质。我们所讲的社会主义核心价值观不是别的什么社会形态的价值观，而是社会主义社会的价值观，从本质属性上看，它代表社会主义的意识形态。这就决定了社会主义核心价值观必然要以马克思主义为指导思想和科学依据。一方面，马克思主义正确揭示了人类历史发展的一般规律，科学阐释了人们价值与价值观念的形成发展规律，揭示了社会主义价值观的终极价值取向等问题，为我们今天培育践行社会主义核心价值观提供了重要的理论支撑和思想指导。另一方面，马克思主义在创立与发展过程中，提出了许多具体的价值理念，这些价值理念成为社会主义核心价值观表述的重要思想来源，筑实、丰富了社会主义核心价值观的具体内容。马克思主义作为一个科学严密的理论体系，其所具有的颠扑不破的真理性，使得以马克思主义为指导和依据的社会主义核心价值观也具有了无可辩驳的科学性、真理性和正确性。

马克思主义为社会主义核心价值观的形成与发展提供了深厚的理论支撑。马克思主义对社会主义核心价值观的理论支撑作用，主要体现在其对人们价值观念的形成发展机制进行了科学阐释，为我们培育和践行社会主义核心价值观确立了正确的认识论和方法论指引。马克思主义认为，价值观作为一种社会意识，不是凭空出现的，而“是直接与人们的物质活动，与人们的物质交往，与现实生活的语言交织在一起的。人们的想象、思维、精神交往在这里还是人们物质行动的直接产物”①。也就是说，“物质生活的生产方式制约着整个社会生活、政治生活和精神生活的过程。不是人们的意识决定人们的存在，相反，是人们的社会存在决定人们的意识”②。包括社会生产方式、物质活动、经济基础在内的社会存在决定了价值观念的产生及其发展变化，有什么样的社会存在，就有什么样的社会意识，就有什么样的价值观念。这就科学解释了价值观形成的依据。作为社会主义社会的价值追求，社会主义核心价值观无疑是中国特色社会主义实践在观念的上层建筑上的反映。它是在中国特色社会主义实践中生发和凝练出来的，既不同于封建社会的价值观念、资本主义社会的价值观念，又与未来共产主义社会的价值观念有所区别，而这正是马克思主义唯物史观基本要义的反映。同时恩格斯充分肯定社会意识对社会存在的反作

① 马克思，恩格斯．马克思恩格斯文集：第1卷．北京：人民出版社，2009：524.

② 马克思，恩格斯．马克思恩格斯文集：第2卷．北京：人民出版社，2009：591.

用，认为“一种历史因素一旦被其他的、归根到底是经济的原因造成了，它也就起作用，就能够对它的环境，甚至对产生它的原因发生反作用”①。这一辩证唯物主义论立场肯定了社会价值观念自身具有的相对独立性和能动反作用，使得价值观可以超越社会存在，规范和指导社会实践，为社会发展提供指引，从而促进社会进步。正是在这个意义上，我们党和国家积极培育和倡导社会主义核心价值观，以更好引领和服务于国家发展、社会进步、人民幸福。一如习近平总书记指出的：“培育和弘扬核心价值观，有效整合社会意识，是社会系统得以正常运转、社会秩序得以有效维护的重要途径，也是国家治理体系和治理能力的重要方面。历史和现实都表明，构建具有强大感召力的核心价值观，关系社会和谐稳定，关系国家长治久安。”② 因此可以说，社会主义核心价值观的形成与发展，遵循并体现了马克思主义的基本理论，马克思主义则为社会主义核心价值观提供了坚实可靠的科学依据。

马克思主义为社会主义核心价值观提供了科学的方法论指导。恩格斯曾经说过：“马克思的整个世界观不是教义，而是方法。它提供的不是现成的教条，而是进一步研究的出发点和供这种研究使用的方法。”③ 我们认为马克思主义是科学的理

---

① 马克思，恩格斯．马克思恩格斯文集：第 10 卷．北京：人民出版社，2009：659.

② 习近平．习近平谈治国理政：第 1 卷．2 版．北京：外文出版社，2018：163.

③ 同①691.

论，不仅因为它是科学的世界观，更在于它为我们认识世界和改造世界提供了科学的方法论指导。习近平总书记曾经指出："掌握和运用马克思主义立场观点方法来研究和解决中国的实际问题，是以毛泽东同志为主要代表的中国共产党人留给我们的传家宝。"① 马克思主义的方法论是中国特色社会主义事业取得成功的重要法宝，也是新时代我们培育践行社会主义核心价值观的方法论依据。马克思主义唯物辩证法认为世界是普遍联系的，所谓联系的普遍性是指事物之间以及构成事物的诸要素之间相互影响、相互制约、相互作用。马克思主义的唯物辩证法思想要求我们在培育践行社会主义核心价值观实践中注重用普遍联系的观点而不是用孤立静止的观点看问题。首先，要看到不同事物之间的联系。以此方法论为指导，我们认为社会主义核心价值观不是孤立存在的，不是无源之水、无本之木，而是与中华优秀传统文化有着十分密切的联系。这就要求我们党和国家在提炼社会主义核心价值观的过程中，要积极主动地从中华民族优秀传统文化、近代革命文化传承中汲取营养，并将其体现在社会主义核心价值观的具体内容之中。其次，要看到同一事物内部诸要素之间的联系。在这一方法论的指导下，我们将社会主义核心价值观概括为"三个倡导"，"三个倡导"

① 习近平．深入学习中国特色社会主义理论体系 努力掌握马克思主义立场观点方法．求是，2010.

凝结着当代中国人民在国家、社会、个人不同层面所形成的价值共识。在国家层面，我们倡导富强、民主、文明、和谐的价值目标，表达的是国家意志，是全体人民的共同价值理想；在社会层面，我们倡导自由、平等、公正、法治的价值取向，表达的是社会秩序，是人们对现实社会的价值诉求和期待；在公民个人层面，我们倡导爱国、敬业、诚信、友善的价值准则，表达的是对社会成员的道德约束和道德自律。这三个层面的价值观密切联系、相辅相成，共同构成了社会主义核心价值观这个有机整体。其中，国家层面的价值目标，对社会和个人层面的价值取向、价值准则起着引领作用；社会层面的价值取向，既承载着国家的价值目标，又规范着个人层面的价值准则；个人层面的价值准则，则植根并服务于国家和社会的价值导向之中。“三个倡导”将国家、社会、个人紧紧联系在一起，彰显着社会主义核心价值观区别于西方个人主义价值观的鲜明特征，彰显着社会主义核心价值观的科学性和优越性。

马克思主义为社会主义核心价值观提供了最高价值导向。马克思主义最初诞生于欧洲，后来发展成为世界性的理论。《共产党宣言》一经问世就震动了世界，成为“全部社会主义文献中传播最广和最具有国际性的著作，是从西伯利亚到加利福尼亚的千百万工人公认的共同纲领”①。而如今，两个世纪

① 马克思，恩格斯．马克思恩格斯文集：第2卷．北京：人民出版社，2009：13.

过去了，人类社会发生了巨大而深刻的变化，马克思主义学说却依然闪烁着耀眼的真理光芒。马克思主义何以具有如此强大的生命力和影响力？我们从习近平总书记在纪念马克思诞辰200周年大会上的讲话中不难看出答案所在。习近平总书记指出："马克思主义是人民的理论，第一次创立了人民实现自身解放的思想体系。马克思主义博大精深，归根到底就是一句话，为人类求解放。在马克思之前，社会上占统治地位的理论都是为统治阶级服务的。马克思主义第一次站在人民的立场探求人类自由解放的道路，以科学的理论为最终建立一个没有压迫、没有剥削、人人平等、人人自由的理想社会指明了方向。马克思主义之所以具有跨越国度、跨越时代的影响力，就是因为它植根人民之中，指明了依靠人民推动历史前进的人间正道。"① 可见，马克思主义的生命力正是在于它始终坚守人民的价值立场，始终以实现人的自由全面发展为终极价值取向，为人民群众谋利益、求幸福，致力于构建"这样一个联合体，在那里，每个人的自由发展是一切人的自由发展的条件"②。马克思主义的人民立场为社会主义核心价值观提供了最高价值导向，人民立场也成为社会主义核心价值观的最鲜明特色和最

---

① 习近平．在纪念马克思诞辰200周年大会上的讲话．人民日报，2018-05-05.

② 马克思，恩格斯．马克思恩格斯文集：第2卷．北京：人民出版社，2009：53.

终价值旨归。社会主义核心价值观是关于社会主义社会中现实的人的价值理念、最广大人民群众的自觉价值追求。这一价值观念始终坚持人民主体地位，一切为了人民、一切依靠人民，从群众中来，到群众中去，把实现和维护最广大人民的根本利益作为出发点、落脚点。可以说，24 字的社会主义核心价值观中，不论是国家层面的富强、民主、文明、和谐，还是社会层面的自由、平等、公正、法治，抑或公民个人层面的爱国、敬业、诚信、友善，最终价值取向都指向最广大人民群众的利益和福祉。以富强为例，“国家富强，民族复兴，人民幸福，不是抽象的，最终要体现在千千万万个家庭都幸福美满上，体现在亿万人民生活不断改善上。”① 这也是社会主义核心价值观之所以能够成为大多数人自觉接受，用以规范国家、社会和个人的根本价值取向的原因。

马克思主义为社会主义核心价值观提供着直接的内容来源。马克思主义不仅为社会主义核心价值观提供了理论基础、方法论指导、价值导向，其在发展过程中形成的诸多价值理念和价值规范，也成为社会主义核心价值观直接的内容来源。可以说，社会主义核心价值观中诸多价值理念的凝练及其内涵的表达，在很大程度上来自马克思主义。如“富强”这一价值理念，本身就体现着马克思主义对生产力高度发达、物质财富极

① 习近平．习近平谈治国理政：第 2 卷．北京：外文出版社，2017：354.

大丰富的看重和追求。马克思主义为何看重“富强”呢？主要原因在于马克思主义将整个社会生产力的高度发达、物质财富的极大丰富作为实现共产主义社会中人的自由全面发展的前提条件。马克思、恩格斯认为：如果没有生产力的普遍发展，“那就只会有贫穷、极端贫困的普遍化；而在极端贫困的情况下，必须重新开始争取必需品的斗争，全部陈腐污浊的东西又要死灰复燃”①。这里的道理非常明白：“当人们还不能使自己的吃喝住穿在质和量方面得到充分保证的时候，人们就根本不能获得解放。”② 而“通过社会化生产，不仅可能保证一切社会成员有富足的和一天比一天充裕的物质生活，而且还可能保证他们的体力和智力获得充分的自由的发展和运用”③。马克思、恩格斯不仅重视追求生产力的极大发展，而且对如何走向“富强”也进行了思考。他们在《共产党宣言》中明确指出：“工人革命的第一步就是使无产阶级上升为统治阶级，争得民主。无产阶级将利用自己的政治统治，一步一步地夺取资产阶级的全部资本，把一切生产工具集中在国家即组织成为统治阶级的无产阶级手中，并且尽可能快地增加生产力的总量。”④这些都表明了马克思、恩格斯对于富强价值理念的追求。在社

---

① 马克思，恩格斯．马克思恩格斯选集：第1卷．3版．北京：人民出版社，2012：166.

② 同①154.

③ 马克思恩格斯选集：第3卷．3版．北京：人民出版社，2012：814.

④ 同①421.

会主义核心价值观中，“富强”价值观如此，其他多项价值追求同样如此——我们都可以在马克思主义的思想体系中找到根本依据或直接来源。可以说，社会主义核心价值观深深根植于马克思主义理论体系之中，是马克思主义价值理论在当代中国的深刻体现。

二、社会主义核心价值观的历史底蕴

社会主义核心价值观不是无源之水、无本之木，而是深深根植于中华优秀传统文化及近代革命文化之中，有着深厚的历史底蕴。习近平总书记多次用“根本”“源泉”的比喻，生动阐述中华优秀传统文化与社会主义核心价值观的源流一体关系，如在文艺工作座谈会上的讲话中他说：“‘求木之长者，必固其根本；欲流之远者，必浚其泉源’。中华优秀传统文化是中华民族的精神命脉，是涵养社会主义核心价值观的重要源泉，也是我们在世界文化激荡中站稳脚跟的坚实根基。”[①] 在十八届中央政治局第十三次集体学习时的讲话中他又说道：“培育和弘扬社会主义核心价值观必须立足中华优秀传统文化。牢固的核心价值观，都有其固有的根本。抛弃传统、丢掉根

---

① 中共中央文献研究室．习近平关于社会主义文化建设论述摘编．北京：中央文献出版社，2017：167.

本，就等于割断了自己的精神命脉。”[①] 我们今天培育和倡导的社会主义核心价值观正因其深深根植于中华优秀传统文化及近代革命文化之中，才具有如此强大的生命力、吸引力和感召力，从而为中华文化的繁荣兴盛提供有力的价值支撑。

价值观的历史性注定我们倡导的社会主义核心价值观具有深厚历史底蕴。人类社会的历史是一个继承中有创新、延续中有发展的进步过程。在人类社会的历史长河中，任何的思想、文化、价值观，都不可能是无源之水，都有其所赖以产生的源泉和基础。不同历史时期的价值观，相互之间既彼此区别，又相互联系；既有传承，又有发展。比如，中国古人强调的“孝”这一价值观，在今天中国人的思想观念、道德理念中仍然具有强大影响力。党的十九大报告谈思想道德建设时，就明确提出“孝老爱亲”一词，将之作为新时代家庭、家教、家风建设的重要内容。2014 年，习近平总书记在北京大学师生座谈会上指出：“中华文明绵延数千年，有其独特的价值体系。中华优秀传统文化已经成为中华民族的基因，植根在中国人内心，潜移默化影响着中国人的思想方式和行为方式。今天，我们提倡和弘扬社会主义核心价值观，必须从中汲取丰富营养，否则就不会有生命力和影响力。”[②] 习近平总书记在这里用了

---

① 中共中央文献研究室．习近平关于社会主义文化建设论述摘编．北京：中央文献出版社，2017：107－108.

② 同①115.

“基因”一词来描述包括价值观在内的文化所共同具有的历史性特征，正是价值观的这一历史性特征使得我们的核心价值观不是断裂的，而是有深厚的文脉渊源和鲜明的民族特性。也正是在这个意义上，习近平总书记才多次强调培育和弘扬社会主义核心价值观，必须处理好社会主义核心价值观与中华民族优秀传统文化之间的关系，呼吁我们“深入挖掘和阐发中华优秀传统文化讲仁爱、重民本、守诚信、崇正义、尚和合、求大同的时代价值，使中华优秀传统文化成为涵养社会主义核心价值观的重要源泉”①。

中华优秀传统文化是社会主义核心价值观的思想来源。中华文明绵延数千年，记载了中华儿女开展的精神活动，反映了中华民族的精神追求，孕育了中国人民的崇高价值追求，有其独特的价值体系和延续至今的文化基因，是涵养社会主义核心价值观的思想源泉。可以说，社会主义核心价值观与中华传统文化中的优秀价值理念是高度契合的。概略而言，社会主义核心价值观在国家层面倡导的富强、民主、文明、和谐，与中国古人历来追求的“民富国强，众安道泰”“民为邦本，本固邦宁”“不学礼，无以立”“如乐之和，无所不谐”等价值追求息息相通；社会主义核心价值观在社会层面倡导的自由、平等、公正、法治，与中华优秀传统文化中的“万物并育而不向害”

---

① 中共中央文献研究室．习近平关于社会主义文化建设论述摘编．北京：中央文献出版社，2017：141.

“不患寡而患不均”“以公灭私，民其允怀”“国有常法，虽危不乱”等相为呼应；社会主义核心价值观在个人层面倡导的爱国、敬业、诚信、友善，与中国人民自古崇尚的“苟利国家，不求富贵”“敬业乐群”“言必信，行必果”“与人为善，善莫大焉”等一脉相延。

以优秀传统文化中的民本理念与社会主义民主价值观内在关联为例，我们即可发现中华民族古今价值追求的内在一贯性。从《尚书》强调的“德惟善政，政在养民”“天聪明自我民聪明，天明畏自我民明威”“天视自我民视，天听自我民听”“民惟邦本，本固邦宁”的“民惟邦本”观，到孟子提出的“民为贵，社稷次之，君为轻”① 的“民贵君轻”论，从荀子主张的“君者，舟也；庶人者，水也。水则载舟，水则覆舟”② 的“君舟民水”说，到黄宗羲又提出了“天下为主，君为客”的“君客民主”论，中华优秀传统文化中的民本理念始终贯穿着人民主体论的立场和原则，是对古代封建专制政治实践的批判和超越。这是中华优秀传统文化中的民本理念与现代民主理念互通互融的最好证明。正是在这一意义上，习近平总书记将“重民本”视为中华优秀传统文化中“跨越时空、超越国度、富有永恒魅力、具有当代价值的文化精神”③，并要求今天的我们深入

---

① 《孟子·尽心章句下》

② 《荀子·王制》

③ 中共中央文献研究室．习近平关于社会主义文化建设论述摘编．北京：中央文献出版社，2017：201.

阐发、积极弘扬，以有效滋养社会主义核心价值观建设。

中国近代革命文化是社会主义核心价值观的直接来源。我们的社会主义核心价值观不仅植根于历史源远流长、内容博大精深的中华优秀传统文化，而且还是对近代革命文化中优秀价值理念的直接传承。近代革命文化孕育于中国共产党团结带领全国各族人民所进行的伟大革命实践，积淀着中国人民面临山河破碎、文化飘零的近代民族危机而进行大无畏抗争时的深层价值理念。近代以来，中国共产党领导人民进行的革命、建设、改革伟业一脉相延，这就注定贯穿于革命、建设、改革实践的文化精神、价值观念息息相通。概略而言，中国共产党人在革命战争年代开创的新民主主义文化和新民主主义价值追求，是我们今天倡导的社会主义先进文化和社会主义核心价值观的直接来源。鸦片战争以降，我国陷入被内外反动势力侵略、剥削、压迫的民族屈辱之中，面对亡国灭种的危机，英勇的中华儿女掀起了轰轰烈烈、前仆后继的救亡图存运动。纵观中国近代史可以发现，反对帝国主义、反对封建主义，争取民族独立与平等、人民民主与自由、国家富强与文明等，就成为近代中国人民思想文化和价值观念的主旋律。邓小平将之生动概括为“反封建、反专制、反独裁、反压迫人民自由的思想习惯与制度，主张民主自由、民主政治、民主生活与民主作风的文化”①。近代中

① 邓小平．邓小平文选：第1卷．2版．北京：人民出版社，1994：24.

国人民的这种文化主张和价值追求，最终在中国共产党领导的新民主主义革命伟业中变成了现实。而今天我们所倡导和培育的社会主义核心价值观继承了近代革命先烈对于民族振兴、国家富强、人民幸福的美好夙愿，继承了中国共产党人为人民谋幸福、为民族谋复兴的初心和使命。正是在这一意义上，习近平总书记深刻强调我们今天倡导的社会主义核心价值观“体现了革命先烈的理想”①。

中华优秀传统文化和近代革命文化为培育弘扬社会主义核心价值观提供了必备的文化环境和社会心理支撑。中华优秀传统文化，记载了中华民族自古以来在建设家园的奋斗中开展的精神活动、进行的理性思维、创造的文化成果，孕育了中华民族的宝贵精神品格，培育了中国人民的崇高价值追求。比如，中华文化强调“民惟邦本”“天人合一”“和而不同”，强调“天行健，君子以自强不息”“大道之行也，天下为公”；强调“天下兴亡，匹夫有责”，主张以德治国、以文化人；强调“君子喻于义”“君子坦荡荡”“君子义以为质”；强调“言必信，行必果”“人而无信，不知其可也”；强调“德不孤，必有邻”“仁者爱人”“与人为善”“己所不欲，勿施于人”“出入相友，守望相助”“老吾老以及人之老，幼吾幼以及人之幼”“扶贫济

① 中共中央文献研究室．习近平关于社会主义文化建设论述摘编．北京：中央文献出版社，2017：119.

困”“不患寡而患不均”，等等。这些崇高的思想和价值理念，既随着时间推移和时代变迁而不断与时俱进，又有其自身的连续性和稳定性，不论过去还是现在，都有其鲜明的民族特色，都有其永不褪色的时代价值，构成了我们中国人独特的精神世界和百姓日用而不觉的价值观。习近平总书记将这种中华优秀传统文化视为中华民族的基因，深深植根在中国人的内心以及精神世界，潜移默化地影响着中国人的思想方式和行为方式，为涵养社会主义核心价值观提供了有力的心理支撑。同时，中华优秀传统文化以及近代革命文化不仅以无形的价值形态存在于中国人的精神世界，还以有形的物质形态存在于当今社会之中，成为社会主义核心价值观成长壮大的一种文化环境，对社会主义核心价值观的培育和践行起着环境支持以及价值协同的作用。正是由于中华优秀传统文化以及近代革命文化提供的这种文化环境与心理支撑，我们倡导的社会主义核心价值观才能够更好地深入人心，成为全体社会成员普遍认同和接受的价值共识。

综上可见，我们今天所培育和倡导的富强、民主、文明、和谐，自由、平等、公正、法治，爱国、敬业、诚信、友善的社会主义核心价值观，“传承着中国优秀传统文化的基因，寄托着近代以来中国人民上下求索、历经千辛万苦确立的理想和信念，也承载着我们每个人的美好愿景”①。具有无比深厚的历史底蕴。

---

① 中共中央文献研究室．习近平关于社会主义文化建设论述摘编．北京：中央文献出版社，2017：115.

三、社会主义核心价值观的现实基础

价值观作为一种社会意识，是建立在社会存在基础之上的。从根本上说，价值观是立足于特定社会经济基础的观念性上层建筑，受经济基础的决定和制约。正如恩格斯所说："人们自觉地或不自觉地，归根到底总是从他们阶级地位所依据的实际关系中——从他们进行生产和交换的经济关系中，获得自己的伦理观念。"① 习近平总书记在北京大学师生座谈会上也说道："价值观是人类在认识、改造自然和社会的过程中产生与发挥作用的。不同民族、不同国家由于其自然条件和发展历程不同，产生和形成的核心价值观也各有特点。"② 古代中国自给自足的小农经济产生封建专制的政治结构和"三纲五常"的伦理价值；资本主义经济基础和政治实践孵化个人主义价值规范；社会主义市场经济基础上的中国特色社会主义社会建设实践，则培育倡导社会主义核心价值观。可以说，我们积极培育践行的社会主义核心价值观，不仅有着科学的理论依据、深

---

① 马克思，恩格斯．马克思恩格斯选集：第3卷．3版．北京：人民出版社，2012：470.

② 中共中央文献研究室．习近平关于社会主义文化建设论述摘编．北京：中央文献出版社，2017：116.

厚的历史底蕴，而且有着坚实的现实基础，即中国特色社会主义现代化建设实践。社会主义核心价值观之所以彰显出强大的生命力、吸引力和感召力，正是因其扎根于中国特色社会主义建设的生动实践之中并能随着社会实践的发展而不断丰富，因其与社会实践中所要解决的问题相适应从而能够积极引导当代中国社会的发展与进步。

社会主义核心价值观植根于轰轰烈烈的中国特色社会主义现代化实践。马克思曾说，全部社会生活在本质上是实践的。不同社会形态下的价值观差异从根本上说是社会实践的差异。从现实基础来看，我们的社会主义核心价值观是社会主义现代化建设实践在价值观念中的反映。同时随着中国特色社会主义实践的推进，社会主义核心价值观的内涵也不断得到丰富、提炼和升华。从国家层面看，富强、民主、文明、和谐的价值追求，原先就是我们党和国家一个时期里在经济建设、政治建设、文化建设、社会建设等的实践活动中设定的发展目标，更是我们现实中进行的社会主义现代化的实践主题。而且，这些价值观念的提出也不是一蹴而就的，是随着社会实践的发展而逐渐丰富和完善的。比如，我们原先强调的是物质文明建设和精神文明建设，后面随着现代化建设实践的发展，又逐步提出了和谐社会建设和生态文明建设，等等。这本身就体现着我们的社会主义核心价值观深深植根于不断发展的中国特色社会主义伟大实践。

培育和弘扬社会主义核心价值观以坚实的物质基础为支撑。新中国成立70多年来，尤其是改革开放40多年来，我国社会生产力水平迅速提高，综合国力明显增强，经济实力、科技实力、军事实力不断迈上新台阶，国际影响力不断增强，彰显了中国特色社会主义的巨大优越性和强大生命力。在此背景下，我们建设社会主义核心价值体系的社会基础不断巩固，为人们进一步追求国家层面的富强、民主、文明、和谐，追求社会层面的自由、平等、公正、法治，倡导个人层面的爱国、敬业、诚信、友善，提供了坚实基础，使得这些美好价值理念成为现实生活中可以触摸、感知的存在。可以说，中国特色社会主义实践每向前发展一步，都是观念性的社会主义核心价值观变得更加具象的一步，都为社会主义核心价值观的培育和弘扬提供着更加有利的条件和环境，此为其一。其二，随着中国特色社会主义经济、政治、文化、社会以及生态文明的不断发展，广大人民群众在实际享用改革发展成果的同时，对中国特色社会主义价值观的认同度与日俱增。社会主义核心价值观在今天散发出的巨大生机和活力，彰显出的强大生命力、吸引力和感召力，正是立足于社会生产力的充分发展，尤其是改革开放40多年来物质财富的极大丰富。

社会主义核心价值观同我们国家发展进程中所要解决的时代问题相适应。2014年，习近平总书记在北京大学师生座谈会上说道："一个民族、一个国家的核心价值观必须同这个民族、这个国家的历史文化相契合，同这个民族、这个国家的人民正在进行的奋斗相结合，同这个民族、这个国家需要解决的时代问题相适应。”① 我们所倡导的社会主义核心价值观之所以有着牢固的现实基础，有着强大生命力和感召力，也因为它着眼于解决我们党和国家在中国特色社会主义实践过程中面临的具体问题，有着很强的现实针对性，能够反映时代呼声、与时代同频共振。比如，从国内角度看，随着经济社会的转型发展、对外开放的步伐加大等，国民思想文化领域的价值观念也随之出现多元、多变状况，甚至在一些领域出现不容忽视的行为失范、道德“滑坡”现象。如出台于世纪之交的《公民道德建设实施纲要》指出：一些领域“拜金主义、享乐主义、极端个人主义有所滋长，见利忘义、损公肥私行为时有发生，不讲信用、欺骗欺诈成为社会公害，以权谋私、腐化堕落现象严重存在”②。这些不良现象的产生在很大程度上损害了社会的和谐发展以及人民的生产生活，广大人民群众自觉呼吁更加文明、更加健康的社会风尚。而从国际角度看，伴随着社会主义市场经济体制的确立，尤其是我国对外开放程度的进一步加深，西方国家凭借自己在经济、科技等方面的优势，对我国大

① 中共中央文献研究室．习近平关于社会主义文化建设论述摘编．北京：中央文献出版社，2017：116－117.

② 中共中央文献研究室．十五大以来重要文献选编：下．北京：人民出版社，2003：1981.

肆输出西方意识形态偏见，大搞价值渗透与“和平演变”。近年来西方国家更是极力宣传所谓的“普世价值”，企图以思想文化和价值观念为突破口颠覆中国共产党领导下的中国特色社会主义制度。内外发展环境要求我们必须守牢意识形态阵地、巩固意识形态安全，必须大力培育和弘扬社会主义核心价值观，保证社会主义核心价值观始终与时代同频共振，推动中国特色社会主义现代化事业的健康发展。

社会主义核心价值观为当代中国实践发展提供正确价值指引。社会主义核心价值观深厚的现实基础不仅在于它是中国特色社会主义发展实践的价值结晶，更在于它能够回到这一实践之中，指导和引领社会实践的发展。社会主义核心价值观正是在与中国特色社会主义实践的这种双向互动中，不断巩固自己的现实基础。习近平总书记指出：“我国是一个有着13亿多人口、56个民族的大国，确立反映全国各族人民共同认同的价值观‘最大公约数’，使全体人民同心同德、团结奋进，关乎国家前途命运，关乎人民幸福安康。”① 从这个角度来看，中国特色社会主义实践的发展迫切需要社会主义核心价值观的引领和指导。恩格斯曾经说过，“一个新的纲领毕竟总是一面公开树立起来的旗帜，而外界就根据它来判断这个党。”② 可以

---

① 习近平．习近平谈治国理政．北京：外文出版社，2014：168.

② 马克思，恩格斯．马克思恩格斯选集：第3卷．3版．北京：人民出版社，2012：350.

说，社会主义核心价值观就是这样一面旗帜，它在把握社会主义初级阶段基本国情的基础上，清晰地展现了中国特色社会主义实践的基本特征和根本追求，引领社会思潮、凝集社会共识，为实现中华民族伟大复兴的中国梦指明前进方向、提供精神动力，指导着中国特色社会主义实践更好地向前发展。具体而言，富强、民主、文明、和谐作为国家层面的价值目标和价值理想，明确了我们要建设一个什么样的国家；自由、平等、公正、法治作为社会层面的价值目标和价值导向，明确了我们要建设一个什么样的社会，指明了中国特色社会主义社会发展的方向；爱国、敬业、诚信、友善作为公民个人层面的价值目标和价值规范，明确了我们要培养什么样的公民，指明了每个公民所应遵循的价值要求和道德准则。

总的说来，新中国成立以来尤其是改革开放以来，我们虽然取得了巨大发展成就，但这并没有改变我国目前仍处于并将长期处于社会主义初级阶段的基本国情，这是当前我国最大的实际。社会主义核心价值观在国家、社会、个人等层面所凝练的价值目标和价值准则正是基于对社会主义初级阶段基本国情的准确把握。在科学技术发展日新月异、综合国力竞争日趋激烈、各种思想文化间的激荡日益加剧的当今世界，我们必须注重社会主义核心价值观建设，以之为指引推动中国特色社会主义事业行稳致远。

四、社会主义核心价值观的道义力量

对于思想理论或价值规范而言，真理性和道义性往往相辅相成。没有真理性的支撑，再美好的道义主张也只能是空想而难切实际；同样，离开了道义性的感召，真理的探索亦会失去蓬勃向上的生机与活力。因此真理的力量只有加上道义的力量，才能行之久远。我们今天所培育和倡导的社会主义核心价值观，在以马克思主义为指导、具有深刻真理性的同时，亦具有强大的道义力量。社会主义核心价值观的道义力量主要体现在它所具有的真实性、人民性和正义性。强大的道义力量确保社会主义核心价值观的生命力、凝聚力和感召力，确保其能够成为中国特色社会主义文化的先进价值内核，引领中华文化走向繁荣兴盛的光明前景。

社会主义核心价值观的道义力量首先表现为它的真实性。社会主义核心价值观的真实性在于它不仅仅只是一些美好的字眼或者人民美好的希冀，而是实实在在、可以实现、可以转化为真实而具体的存在的。中国共产党自成立以来，就一直把为中国人民谋幸福，为中华民族谋复兴作为初心和使命，把不断提高人民生活质量和水平作为党和国家一切工作的出发点和落脚点，一切为了人民、一切依靠人民，为了实现国家发展、社会进步、民族振兴、人民幸福而矢志不渝、砥砺奋进。一部中国共产党的百年奋斗史，就是党带领人民艰苦奋斗，实现了从站起来、富起来到强起来的伟大飞跃的峥嵘历史。站在新时代的历史方位，我国经济建设取得重大成就，全面深化改革取得重大突破，民主法治建设迈出重大步伐，思想文化建设取得重大进展，人民生活不断改善，城乡居民生活水平差距大幅缩小，生态文明建设成效显著，党和国家事业发生历史性变革。现如今，我们已经全面建成小康社会，圆满完成第一个百年奋斗目标，意气风发的中国人民正在中国共产党的领导下开启全面建设社会主义现代化国家的新征程。社会主义核心价值观的美好追求一步步变成现实，我们的国家更加富强、民主、文明、和谐，我们的社会更加自由、平等、公正、法治，我们的人民生活的获得感、幸福感不断增强，人民的爱国精神、敬业观念、诚信意识、友善品格不断发展。我们可以自豪宣布，当前的我们比历史上任何时期都更接近中华民族伟大复兴的目标，比历史上任何时期都更有信心、有能力把全体人民为之奋斗的价值理想、价值目标变为更加真切的现实。

社会主义核心价值观的真实性与西方资产阶级价值理念的虚假性形成鲜明对比。正如列宁所指出的那样：“资产阶级民主同中世纪制度比较起来，在历史上是一大进步，但它始终是而且在资本主义制度下不能不是狭隘的、残缺不全的、虚伪的、骗人的民主，对富人是天堂，对被剥削者、对穷人是陷阱和骗局。”①建立在近代启蒙基础上的资产阶级文化，虽然高扬人本主义思想，在扬弃中世纪神学传统的同时将文化和价值观建立在人的基础之上；但资产阶级思想家们笔下的“人”，并不是现实的、感性的人，而是先天的“人性”，是脱离现实的抽象假设。这就意味着资产阶级倡导的自由、平等价值理念本身不具真理性品格，而是一种虚假的意识形态。比如，德国思想家康德在构建其道德哲学体系时，虽然宣称“人是目的”，但他同时宣布作为“目的”的人，不是现实的、活生生的个体的“人”，而是所谓“人格中的人性”这一极其抽象的假设——以至于康德本人在著作中基于其抽象的道德法则思考人在具体实践中的行为方式时，往往得出违背自己所提出的“人是目的”的行为原则。此外，资产阶级价值观的“虚假性”，还体现在他们高喊人性和自由的同时，却在扼杀工人阶级的人性和自由；在高喊平等和博爱的同时，却在自己和无产者之间筑起一道难以逾越的等级障碍。随着越来越多的金钱和越来越大的特权集中在美国的少数精英和权贵手中，2011 年 9 月，美国纽约爆发了震惊本国和世界的“占领华尔街”运动。在这场持续数月之久的抗争运动中，代表美国 99%人口的底层人民控诉人数仅占 1%的美国精英的剥削和压榨。后据总部位于华盛顿特区的一家美国智库——经济政策研究所的调研显示，2015

① 列宁．列宁全集：第 35 卷．2 版．北京：人民出版社，2017：244.

年美国最富有的1%家庭的收入，是底层99%家庭收入的26.3倍，而且这一差距还在持续扩大。一幅流行漫画讽刺说，这一现状绝不是“美国梦”的一部分。新冠肺炎疫情大流行期间，一些欧美国家甚至宣扬所谓的“集体免疫”，这无疑是以牺牲穷人的生命和利益为代价的消极举措。如此等等，无不深刻揭示了西方资产阶级倡导的所谓“自由”“平等”的价值观与西方社会现实之间的尖锐对立，揭示了其价值理念的虚假性。除此之外，美国总是将自身的意识形态和价值观标榜为“普世价值”，将之视为天下唯一正确的真理、标杆、原则，却在全球问题治理中，丝毫不顾大国形象，多处“退群”。美国为了自身利益，大肆搞价值观和意识形态输出，推行“颜色革命”，干涉他国内政，制造地区冲突，甚至打着“美国优先”的旗号，不公正、不合法、不平等地与他国搞贸易战，搞霸凌主义。这都充分暴露了西方所谓“普世价值”的虚假性。

因此，当西方资产阶级学者和政客脱离西方社会的实践基础空谈所谓毫无依据的“普世价值”时，我们在唯物主义世界观和方法论指引下，始终坚持价值观的历史性、民族性、时代性特点，始终坚持植根于中国特色社会主义现代化实践凝练当代国人的价值共识。这就有力确保了我们提出的社会主义核心价值观的真实性特征；确保了社会主义核心价值观高扬的不是抽象、虚假的“人性”，而是感性的个人和具体的社会现实；确保了社会主义核心价值观的真实性特点和实践性品格。

社会主义核心价值观的道义力量关键在于它的人民性。这种人民性就是贯穿24字价值观规范的人民至上追求、人民中心立场。马克思、恩格斯指出："历史活动是群众的活动，随着历史活动的深入，必将是群众队伍的扩大。"[①] 这就是马克思主义历来倡导的群众史观，即肯定人民群众的历史创造者地位，承认人民群众是推动社会历史发展的根本原因，以此确立了人民群众的历史主体地位。同时，马克思、恩格斯在《共产党宣言》中强调："过去的一切运动都是少数人的，或者为少数人谋利益的运动。无产阶级的运动是绝大多数人的，为绝大多数人谋利益的独立的运动。"[②] 马克思主义最根本的政治立场和最鲜明的价值取向，就是始终站在广大劳动人民的立场上，以人的自由全面发展为价值旨归。我们今天倡导的社会主义核心价值观以马克思主义为理论指导和科学依据，牢牢坚持人民性特质。可以说，人民性体现社会主义核心价值观的根本特征、根本立场。坚持人民主体地位，是培育和践行社会主义核心价值观的基本要求。新中国成立70多年尤其是改革开放40多年的实践表明：人民需要的满足、人民利益的实现以及人的自由全面发展是社会主义的本质要求，是坚持和发展中国

---

① 马克思，恩格斯．马克思恩格斯文集：第1卷．北京：人民出版社，2009：287.

② 马克思，恩格斯．马克思恩格斯选集：第1卷．3版．北京：人民出版社，2012：411.

特色社会主义的根本目的。

社会主义核心价值观的人民性主要体现在两个方面。其一，社会主义核心价值观来源于人民。社会主义核心价值观是从人民群众的社会实践中生发出来的，是对人民群众实践经验的总结，反映了当代中国最广大人民群众的美好愿望和价值追求，符合最广大人民群众的意志意愿，是当代中国人民的最大价值“公约数”。其二，社会主义核心价值观又服务于人民，以人的自由全面发展为最高价值指向。坚持人民主体地位，全心全意为人民服务，把实现好、维护好、发展好最广大人民根本利益作为出发点和落脚点，是党和国家长期坚守的基本价值理念，始终贯穿着革命、建设和改革的各个历史时期。中国特色社会主义进入新时代，以习近平同志为核心的党中央尤其注重以人民为中心的发展思想，深刻阐释了“人民至上”的价值旨归，强调“人民对美好生活的向往，就是我们的奋斗目标”“要坚持发展为了人民、发展依靠人民、发展成果由人民共享”“着力解决群众的操心事、烦心事”“始终把人民利益摆在至高无上的地位”“人民利益是我们党一切工作的根本出发点和落脚点”……新时代我们党的治国理政实践始终坚持以人民为中心的发展思想，顺应人民对美好生活的期待，把增进民生福祉作为发展的根本目的，在民生领域实施了一系列新举措，在幼有所育、学有所教、劳有所得、病有所医、老有所养、住有所居、弱有所扶上取得一系列历史性进展，在不断提高人民生活水平方面取得重大成就，人民群众的获得感、幸福感、安全感不断增强。新冠肺炎疫情肆虐期间，习近平总书记和党中央始终坚持“把人民生命安全和身体健康摆在第一位”，团结带领全国人民坚决打响抗击新冠肺炎疫情的人民战争、总体战、阻击战。治疗期间不遗漏一个感染者，不放弃每一位病患，不论是从出生仅 30 多个小时的婴儿，还是 108 岁的老人，都得到全力以赴的救治。抗疫斗争的胜利，深刻彰显了中国共产党深厚的为民情怀，深刻彰显了社会主义核心价值观的人民性品格。它以雄辩的事实告诉世人，作为中国特色社会主义事业发展的价值航标，社会主义核心价值观在国家层面制定的价值目标、在社会层面提出的价值取向和在个人层面规定的价值准则，其最终指向即是每一个人的自由全面发展。相较于中国古代为封建君主服务的三纲五常的价值观、资本主义社会为资本家服务的自由价值观，这种以人民为中心的价值立场，是社会主义核心价值观强大道义力量的又一重要来源。

社会主义核心价值观的道义力量还源于其所具有的正义性。何为正义？古希腊政治学家亚里士多德曾说：“正义以公共利益为依归。”① 经济全球化背景下能够代表各国人民最广泛公共利益的价值观无遗是我们今天所倡导的人类共同价值观。习近平总书记强调，我们的社会主义核心价值观“既体现

① 亚里士多德．政治学．北京：商务印书馆，1965：151.

了社会主义本质要求，继承了中华优秀传统文化，也吸收了世界文明有益成果，体现了时代精神”[①]。是全人类共同的文明成果和共同价值的升华和具体体现。所以，我们不能从狭隘的角度来理解我们的核心价值观。社会主义核心价值观尽管立足于中国特色社会主义实践，是有着中华民族历史与文化特色的价值观念，但它也同时包含着全人类的共同智慧，是具有全球视野的价值理念。党的十八大以来，习近平总书记反复倡导构建人类命运共同体的重要理念。构建人类命运共同体的理念和主张，以全人类公共利益为依归，是旨在造福人类的正义事业。这与社会主义核心价值观追求的友善原则根本相通，体现中华文化自古倡导的“协和万邦”“天下大同”的价值理念，体现中国共产党人历来追求的国际主义胸怀和气度，体现了社会主义核心价值观的正义性。当今世界，中国共产党“站在时代潮头，把握历史方向，提出一系列新思想、新理念。比如打造对话而不对抗、结伴而不结盟的伙伴关系，进而建立以合作共赢为核心的新型国际关系，在此基础上，各国共建人类命运共同体。这些新的思想和理念，摒弃了结盟对抗的旧思维，超越了零和博弈的老套路，既有鲜明中国特色，又有重大世界意义，不仅是新时期中国外交的行动指南，也将对人类发展进步事业产生深远影响”[②]。可以说，中国走和平发展道路，倡导

① 中共中央文献研究室．习近平关于社会主义文化建设论述摘编．北京：中央文献出版社，2017：114.

② 王毅在十二届全国人大五次会议举行的记者会上就中国外交政策和对外关系答中外记者问．人民日报，2017－03－09.

构建人类命运共同体，是中国文化传统和社会主义核心价值观的应有之义。

在抗击新冠肺炎疫情期间，中国的抗疫斗争展现出了命运与共的国际担当，这是中国精神与中国价值正义性的最好证明。如我国第一时间向有关国家和地区主动通报疫情信息，发布新冠病毒基因序列等信息，公布诊疗方案和防控方案，开设疫情防控网上知识中心并向所有国家开放，毫无保留同各方分享防控和救治经验；在自身疫情防控面临巨大压力的情况下，尽己所能为国际社会提供物资以及人力援助等。仅从 2020 年 3 月 15 日至 9 月 6 日，我国总计出口口罩 1 515 亿只、防护服 14 亿件、护目镜 2.3 亿个、呼吸机 20.9 万台、检测试剂盒 4.7 亿人份、红外测温仪 8 014 万件，有力支持了全球疫情防控，以实际行动帮助挽救了全球成千上万人的生命，以实际行动彰显了我们价值观的正义性。耐人寻味的是，新冠肺炎疫情使得西方所谓“普世价值”的非正义性暴露无遗。疫情暴发以来，西方媒体和政客大炒疫情来源“阴谋论”，给中国泼脏水；罔顾科学和事实，鼓吹所谓“中国责任论”；一些西方国家甚至还当起了“强盗”，以邻为壑，互相抢夺抗疫物资。新冠肺炎疫情以一种特殊形式告诫世人，人类是荣辱与共的命运共同体，团结合作、坚守正义才是人间正道。中国人民可歌可泣的抗疫斗争实践向世人生动展示了中国精神、中国价值、中国力量，展示了社会主义价值观的正义性。

第四章

光华灿烂的时代成果

中华文化赋予中华民族屹立于世界的根本定力和腾飞于世界的强大动力。一个民族的进步不仅需要硬实力的发展，更需要软实力的支撑，没有中华文化的繁荣兴盛，就不会有中华民族的伟大复兴。党的十八大以来，以习近平同志为核心的党中央从理论与实践两方面对中国特色社会主义文化发展道路展开积极探索，不断完善文化发展的顶层战略设计，推进文化体制改革，提出了一系列关于新时代文化强国建设的新理念新思想新战略，深化了我们关于中国特色社会主义文化建设规律的认识。以之为引领，担当有为的中国人民创造出一批又一批光华灿烂的文化成果，传承了中华文化的丰厚底蕴，展现了中华儿女的时代风尚，有力助推中华文化走向新的辉煌。

一、团结向上的文明风尚

文化滋养文明。文明风尚是一个国家、一个民族在特定文化的滋养与影响下创造出来的精神文明成果和表现出来的公序良俗的总和。新时代中国特色社会主义文化的建设实践培育了全社会团结向上的文明风尚。这一风尚的具体表现包括社会主义意识形态不断发展壮大、社会主义核心价值体系日趋深入人心、思想道德建设成效日益显著等三个方面。

一是社会主义意识形态不断发展壮大。意识形态始终是一个国家或民族的文化核心，既推动文化朝着特定的方向前进，又以一定的文化样态展现于人们的文化心理之中和社会的精神风貌之上。作为历史的创造者，人民群众的行动始终受特定思想意识的指导，意识形态不仅作为思想的上层建筑与一个国家的经济基础和政治结构相辅相成，而且作为一种精神信仰或精神力量与每一个人的日常生活息息相关。在革命战争时期，意识形态工作关乎革命阶级的根本利益乃至其生死存亡，“没有革命的理论，就不会有革命的运动”[①]。在和平发展时期，意识形态斗争不仅没有弱化或停止，反而愈演愈烈，意识形态工

① 列宁．列宁全集：第2卷．2版．北京：人民出版社，1984：443.

作关乎一个国家的稳定与发展前景，关乎人民的精神追求和精神状态，因此愈来愈成为治国理政实践中的一项“极端重要的工作”①。

20世纪初，马克思主义以其不可辩驳的真理性在与众多“主义”的交锋中脱颖而出，指导中国共产党与中国人民成功开辟出中国革命的正确道路。自建党之日起，中国共产党就始终坚持将马克思主义意识形态建设作为一项战略任务。在革命、建设和改革的长期实践中，我们党始终坚持将马克思主义基本原理同中国社会的具体实践相结合，持续推动马克思主义中国化进程，始终坚持在全党全国范围内开展马克思主义的宣传与教育，推动马克思主义大众化，不断巩固马克思主义在我国意识形态领域的指导地位，持续筑牢党和全国各族人民团结奋斗的思想基础。可以说，社会主义意识形态的发展壮大，为包括文化事业在内的各项社会主义建设事业的蓬勃发展提供了源源不断的精神动力和思想保证，成为中华文化繁荣兴盛的鲜明标识。

其一，社会主义意识形态的发展壮大首先表现为马克思主义中国化取得了系列重大理论成果。以毛泽东为主要代表的中国共产党人结合新民主主义革命、社会主义革命和建设实际创

① 习近平．习近平谈治国理政：第1卷．2版．北京：外文出版社，2018：153.

立了毛泽东思想，带领中国人民和中华民族走向独立自主，建立和发展了社会主义制度，使中国人民站了起来；以邓小平、江泽民、胡锦涛为主要代表的中国共产党人结合中国特色社会主义事业改革发展的实际状况，创立了邓小平理论、“三个代表”重要思想、科学发展观，引领中国人民富了起来；以习近平同志为核心的党中央结合新时代中国特色社会主义伟大实践，创立了习近平新时代中国特色社会主义思想，极大丰富了中国特色社会主义理论体系，开辟了马克思主义中国化的新境界，是马克思主义中国化的最新理论成果。作为当代中国马克思主义、21 世纪马克思主义，习近平新时代中国特色社会主义思想是在新的时代条件下统筹中国特色社会主义伟大斗争、伟大工程、伟大事业、伟大梦想的实践中逐步形成的，系统回答了新时代坚持和发展什么样的中国特色社会主义、怎样坚持和发展中国特色社会主义这一时代课题，揭示了社会主要矛盾的转变，明确了新时代坚持和发展中国特色社会主义的奋斗目标和战略步骤，是指引中国人民和中华民族实现强起来伟大飞跃的理论指南，我们必须长期坚持并不断发展。

其二，社会主义意识形态的发展壮大表现为马克思主义大众化进程的大幅推进。马克思主义不是停留于书本上的刻板教条，而是指导现实的基本方法；不是只被少数人了解的晦涩原理，而是应由广大群众掌握、遵循的行为指南。从实践角度来看，我们党自成立时起就积极在人民群众中开展马克思主义宣传教育工作，这是党之所以能够团结最广大人民进行革命、建设、改革并取得系列辉煌成就的重要原因。党的十八大以来，马克思主义大众化进程取得了更大进展，马克思主义的宣传教育工作更趋常态化、多样化。比如，我们不仅在党员干部和青年学生等群体中定期开展主题教育活动，而且搭乘科技便车，提出“自媒体融合发展”议题，使“马克思从书本中走出来”。网络歌曲《马克思是个九零后》传颂着马克思为穷苦民众发声的勇气与追求真理的坚毅，综艺节目《马克思靠谱》在轻松愉快的氛围内带观众走进了马克思的生平与经典思想，动漫作品《领风者》在最受年轻人欢迎的视频平台引发弹幕热议……各种内容严肃而生动、形式丰富而多样的宣传教育，适应了人民群众差异化的认知特点，满足了人民群众多样化的学习需求，有力推动了马克思主义大众化事业的纵深发展。

其三，社会主义意识形态的发展壮大还表现为人民群众对社会主义意识形态的高度认同。习近平总书记深刻强调：“意识形态工作是党的一项极端重要的工作。”[①] 意识形态工作的效果如何关键是要看人民群众的认同度。近年来我们党以具有创新性的内容和形式开展意识形态宣传教育工作，大大提高了人民群众对社会主义意识形态的认同度，不断增强人民群众的

① 习近平．习近平谈治国理政：第1卷．2版．北京：外文出版社，2018：153.

理论自觉和理论自信。首先，深刻阐明了马克思主义的真理性，增强了人民群众的理论认同。党的十八大以来，我们党高度重视马克思主义理论学科建设，重视构建中国特色哲学社会科学，注重讲清辨明“什么是马克思主义”“什么是中国特色社会主义”等理论问题，在对马克思主义“正本清源”的过程中引导人民群众逐渐理解了马克思主义基本原理的科学真理性和长期指导意义。其次，创新话语表达，形成了人民群众的话语认同。想要牢牢把握话语权，就要注重创新意识形态的话语表达，只有平易近人、通俗易懂的话语才能助益人们的理解与认同。在这一点上，习近平总书记为我们做了良好的示范。习总书记常常引经据典、深入浅出地讲解社会主义意识形态的内容，善于用别开生面、诙谐幽默的比喻拉近马克思主义与人民群众的距离，他将青少年的价值观教育喻为“扣好人生第一粒扣子”，将权力的制约与监督体系比作“制度的笼子”……这种通俗易懂的话语，是人民群众听得懂且爱听的“家常话”，有力增进了人民群众对社会主义意识形态的话语认同。再次，展示了社会主义中国的制度优势和精神优势，汇聚利益认同。中国特色社会主义道路是适合中国国情的正确道路，在这条路上我国取得了前所未有的成就。与近年来长期受困于群众运动、金融危机的欧美资本主义国家相比，我国可谓是“这边风景独好”。尤其是在2020年全球新冠肺炎疫情中，中国人民在以习近平同志为核心的党中央领导下，迅速作出反应，全面部署，打响疫情防控战争，广大民众在爱国主义、集体主义、社会主义精神感召下，迸发出生命至上、举国同心、舍生忘死、尊重科学、命运与共的伟大抗疫精神，以最快的速度控制住了疫情蔓延，取得疫情防控重大战略成果，最大限度地保卫了人民群众的生命安全和身体健康。这种实实在在的成就有力彰显了社会主义意识形态的强大生命力，汇聚了人民群众的利益认同。

二是社会主义核心价值体系日趋深入人心。价值体系与价值观代表一个文化的内核。任何一种文化体系都蕴含着某种价值导向，影响着本国民众的价值选择与价值判断。各个国家与民族的社会历史发展进程不同，其产生和形成的民族文化及其作为文化核心的价值观也各不相同。中华文化绵延千年，有一套独特的价值体系贯穿其中，并且这种价值体系已经成为中华民族的精神基因，深植于中国人民的内心，潜移默化地影响着中华儿女的思维方式和行为方式。新中国成立以来，尤其是改革开放以来，我们党在中国特色社会主义文化建设实践中，以高度的价值自觉和价值自信，持续推动社会主义核心价值体系与核心价值观的凝练、培育与弘扬工作。社会主义核心价值体系日益深入人心，为全社会健康向上文明风尚的形成筑牢了价值之基。

党的十六届六中全会第一次提出了“建设社会主义核心价值体系”的重大命题和战略任务。明确了社会主义核心价值体系的基本内容后，党和国家便逐步将其确立为国家战略，进行整体谋划、统筹协调，将社会主义核心价值体系融入国民教育、精神文明建设和党的建设全过程，贯穿改革开放和社会主义现代化建设各领域，体现到精神文化产品创作生产传播各方面①。党的十八大报告明确提出“社会主义核心价值观”命题，并将其凝练为“三个倡导”，即“倡导富强、民主、文明、和谐，倡导自由、平等、公正、法治，倡导爱国、敬业、诚信、友善”②。习近平总书记明确将核心价值观建设喻为“凝魂聚气、强基固本的基础工程”，从中国特色社会主义现代化建设事业的战略全局出发谋划部署社会主义核心价值观的培育弘扬工作。党的十九大报告把“坚持社会主义核心价值体系”进一步提升为新时代坚持和发展中国特色社会主义的基本方略。社会主义核心价值体系与核心价值观建设在党治国理政全局中占有越来越重要的地位，社会主义核心价值观广泛弘扬、深入人心，巩固了全党全国人民团结奋斗的共同思想基础。

同时，社会主义核心价值体系建设在实践中不断具体化，核心价值观浸润于当前中国的整个社会，真切影响着人民群众的生产生活。一方面，中国人民在社会主义现代化建设的砥砺

---

① 中共中央关于深化文化体制改革推动社会主义文化大发展大繁荣若干重大问题的决定．人民日报，2011-10-26.

② 胡锦涛．坚定不移沿着中国特色社会主义道路前进 为全面建成小康社会而奋斗．人民日报，2012-11-18.

奋进中以核心价值体系和核心价值观为指导，培育形成了一系列具有时代特征、反映时代风貌的伟大“精神”，它们融入了新时代中华民族精神成长的历程，拓展着当代中国精神的丰富内涵。例如，“为国争光、艰苦奋斗、精益求精、勇攀高峰、团结协作”的奥运精神，“特别能吃苦、特别能战斗、特别能攻关、特别能奉献”的载人航天精神，以及在气壮山河的抗击新冠肺炎疫情斗争中淬炼升华形成的“生命至上、举国同心、舍生忘死、尊重科学、命运与共”的伟大抗疫精神，等等。一如习近平总书记所深情强调的：“抗疫斗争伟大实践再次证明，社会主义核心价值观、中华优秀传统文化所具有的强大精神动力，是凝聚人心、汇聚民力的强大力量。”[①] 另一方面，在党和国家的整体推动下，各地区积极响应号召，将社会主义核心价值观与融入本地区具体实际相结合，因地制宜凝练并践行具有自身特色的精神理念，形成了诸如“创业创新创优、争先领先率先”的江苏精神、“爱国爱疆、团结奉献、勤劳互助、开放进取”的新疆精神、“忠诚、干净、担当，科学、求实、创新”的水利精神等，这些精神是对社会主义核心价值观的生动诠释，也是推进社会主义核心价值体系建设的有效着力点。

三是思想道德建设成效日益显著。“国无德不兴，人无德

① 习近平．在全国抗击新冠肺炎疫情表彰大会上的讲话．人民日报，2020-09-09.

不立。”人民思想道德素质是影响国家形象的重要因素，也是衡量一个社会文明程度的重要指标。我们党始终重视人民群众思想道德素质的建设，党的十八大以来我国逐步形成以“突出重点”“发挥长效”“旗帜引领”为主要内容的思想道德建设路径，并在实践中取得了丰厚成果，有效促进了人民群众思想道德素质的切实提升。

我国思想道德建设在突出重点人群与重点领域中有序推进。思想道德建设是覆盖社会全范围全主体的文明建设工程，这一工程在新时代背景下以网络空间和教育空间为重点建设领域，以青少年、党员干部和文艺工作者为重点关照人群。网络空间是现实空间的延伸，相较于现实空间，网络空间信息来源的隐蔽性以及信息传播范围的广泛性，大大增加了不良信息腐蚀人们精神生活的可能，加强网络空间的思想道德建设，维持风清气正的网络环境尤为重要。教育是国之大计、党之大计，其根本任务是立德树人，加强国民教育领域的思想道德建设是教育的应有之义，能否做好教育领域的思想道德建设工作关乎国家未来建设者和接班人的整体质量。青少年正处于“拔节育穗期”，青少年群体的价值取向直接影响未来社会整体价值的选择方向。加强青少年的思想道德建设，引导青少年自觉履行社会责任、坚定社会主义核心价值观是党和国家的重点工作。党员干部是社会主义建设事业有序推进的排头兵与先行者，是社会主义道德的积极践行者与弘扬者，思想道德建设的纵深推进需要充分发挥广大党员的先锋模范作用，激励党员干部不断夯实思想基础，坚定中国特色社会主义信念，自觉承担党和人民赋予的重任。文艺是时代的号角，文艺工作者的思想道德素质直接影响着文艺作品和社会风气的导向。习近平总书记指出，文艺工作者要“努力以高尚的职业操守、良好的社会形象、文质兼美的优秀作品赢得人民喜爱和欢迎”①。总而言之，我国思想道德建设始终坚持两点论与重点论的统一，既着力于网络空间、教育领域等重点领域，又聚焦于青少年、党员干部、文艺工作者等重点人群，在突出重点的同时构建横纵交织的思想道德建设网络，全面促进人民群众思想道德素质和社会文明程度的提高。

我国思想道德建设以构建长效机制为目标推进多主体创新。为实现思想道德建设过程的常态化，提高建设成果的稳定性与有效性，党和政府、学校、家庭、社会等不同主体不断创新工作方法，努力构建思想道德建设的长效机制。一方面，党和政府丰富了群众性精神文明创建活动，充分发挥重大节日、纪念日和礼节仪式的道德教育功能，在重大时间节点举办群众性纪念活动并逐渐将其规范化、制度化。大到庆祝新中国成立70周年的国庆阅兵活动，小到每周一次的升旗仪式、入党入团的庄重宣誓等，丰富多彩的群众性活动吸引了人民的广泛参

① 习近平．在文艺工作座谈会上的讲话．人民日报，2015－10－15.

与，以潜移默化的隐性教育方式增强社会凝聚力，提升公民的思想道德素质。另一方面，学校、家庭和社会在思想道德建设实践中各尽其职、相互配合，构建起思想道德建设的实践网络。以家庭教育为例，家庭教育是思想道德素质建设的重要渠道，党的十八大以来，党和政府在有序推进思想道德建设的过程中逐步加强“家风”“社风”建设，全国各地社区都在积极组织“讲家风故事”“晒家训家规”等主题活动。比如2015年4月以来，贵州省黔东南苗族侗族自治州征集到党员家规4 710条，涵盖为人、劝学、劝善、警世、励志等方面内容，编写了《党员约规》，挖掘提炼族规600余部，其中剑河县姜氏家族的《圣谕六训》和《圣谕广训》，成为教化鞭策后人、家庭教育的“传世宝典”。良好家风引领社会风气向善向上。

我国思想道德建设以树立精神旗帜为路径引领群众。社会主义思想道德建设效果的好坏，直接表现为思想道德建设举措、精神文明创建活动对人民群众是否拥有足够的吸引力与影响力。真实存在于人民群众身边的先进典型事迹往往更具有感染力，我国的思想道德建设在对道德模范与典型事迹的深入挖掘、积极报道中凝练精神的旗帜。至今，我国已成功举办10多届“感动中国”人物表彰活动、多届全国道德模范评选表彰活动等，这些活动均产生了极大的社会影响，有力推动了全社会思想道德风尚的提升。除此以外，各省市每年举办的“好人榜”评选活动都使人们发现了身边“平凡的英雄”“最美人物”等，例如四川凉山木里森林火灾中牺牲的31名扑火勇士、慈善捐资300多万元回报社会的盲人中医师朱丽华、在山洪中不幸遇难的广西百色扶贫女干部黄文秀等，一大批来自各行各业的道德模范既是社会主义思想道德建设丰硕成果的生动展示，亦是进一步推动社会主义精神文明向前发展的重要力量。

二、丰富多彩的文艺作品

“衡量一个时代的文艺成就最终要看作品。”[①] 文艺作品反映了一个国家、一个民族的文化创造能力和水平。近年来，党和国家一直将创作文艺精品作为促进中华文化繁荣发展的重要抓手，广大文艺工作者积极响应国家“创作无愧于时代的优秀作品”[②] 的号召，在相关政策的鼓励与支持下创作了一大批思想精深、艺术精湛、制作精良的作品，为民族发声、为人民发声、为时代发声，肩负起了弘扬民族精神、反映人民心声和引领时代前进的责任，对外展现了中国价值观念和文化精神，对内丰富了人民生活，启迪了群众心智。

丰富多彩的文艺作品是文艺工作者胸怀大义、为民族发声的成果。文化具有鲜明的民族性。优秀的文艺作品离不开民族

①② 习近平．在文艺工作座谈会上的讲话．人民日报，2015-10-15.

优秀传统文化的深厚滋养。习近平总书记在文艺工作座谈会上强调文艺创作“要有文化传统的血脉”，他说：“中华优秀传统文化是中华民族的精神命脉，是涵养社会主义核心价值观的重要源泉，也是我们在世界文化激荡中站稳脚跟的坚实根基。”并勉励文艺工作者“坚守中华文化立场、传承中华文化基因，展现中华审美风范”[①]。近年来，广大文艺工作者立足蓬勃发展的中国特色社会主义现代化建设实践，注重汲取中华民族悠久厚重的优秀传统文化滋养与波澜壮阔的红色革命传统精神，在创造性转化与创新性发展中演绎历史文化故事，传承民族精神火炬，展现民族精神风貌。

一方面，以中华优秀传统文化元素为内容的各类文艺精品如雨后春笋大量涌现。这些作品对传统文化元素进行大胆取用，并依循当今时代特点创新表达方式，不仅激活了民族文化的生命力，而且丰富了时代文艺的感染力。例如，《汉字英雄》《中国诗词大会》等节目为传统文化穿上“新衣”，《经典咏流传》为古代诗词谱上了优美的旋律，新颖的表现形式和通俗易懂的解读使优秀传统文化的普及与传播更加高效化；文博类节目《国家宝藏》以舞台剧的形式向观众们展示了国宝们的前世今生，收获了众多年轻观众的好评，第一季、第二季分别在豆瓣取得 9.0、9.5 的高分；《我在故宫修文物》《如果国宝会说

① 习近平．在文艺工作座谈会上的讲话．人民日报，2015-10-15.

话》《上新了，故宫》等纪录片唤醒了古文物的生气，使它们“开口”将自身背后的历史记忆与文化故事向观众娓娓道来。这些文化创新类节目拉近了传统与现代的距离，唤醒了当代国人的文化记忆，使历史底蕴深厚的优秀传统文化以越来越年轻的面貌出现在人们面前。另一方面，从承载内容来看，优秀传统文化的内涵亦被不断加以补充、拓展和完善。例如《白蛇：缘起》《大圣归来》《哪吒之魔童降世》等优秀动画电影为中华经典故事涂上时代新色，赋予其主角新时代的价值追求，一经上映便票房口碑“双爆”，在中国电影史上留下了浓墨重彩的一笔。其中《哪吒之魔童降世》还走出了国门，代表中国角逐第 92 届奥斯卡奖最佳国际电影评选。

红色革命文化是展示中国共产党人的初心、使命的鲜活素材，也是激励新时代中华儿女团结向上、奋发进取的力量之源。近年来，以红色文化为主题的电影电视、文学作品、歌舞戏曲等优秀文艺作品不断问世，成为传播、弘扬革命文化的重要载体。以近年来聚焦革命战争题材的优秀电影电视作品为例，《建党伟业》、《建军大业》和《建国大业》的“建国三部曲”生动展现了中国共产党、中国人民军队和中华人民共和国的建设历程；《古田军号》《周恩来的四个昼夜》等分别以某个具体历史事件为切入点，生动刻画了革命者的精神面貌、道德情怀。这些荧幕精品从视觉呈现到音效打造，从色彩元素到语言元素，从历史风俗到地域习惯都在最大程度上还原了历史。

此外，近年来全国各地在新中国成立70周年或建军90周年等重大时间节点上都积极举办了各类文学作品征集活动，广大文艺工作者以形式多样的红色作品向祖国献礼，既有对革命历史的描述，也有对革命情感的抒发；既有对革命英雄的礼赞，也有对革命精神的弘扬。不仅如此，各出版单位还尤其注重儿童红色文学作品的出版发行。如广东教育出版社2015年出版了“红色儿童文学经典读本系列图书”，展现了少年英雄们在烽火岁月中的成长历程，闪烁着爱国主义和革命理想的光华；2019年，福建少年儿童出版社策划的儿童文学重点精品工程“红色少年小说系列”共12本儿童小说，全部入选《全国中小学图书馆（室）推荐书目》，这套红色小说诠释了福建红色文化的内涵与价值，塑造了一群在战火硝烟中成长的少年英雄群像，对生长于和平年代的青少年群体有着极强的教育意义。

丰富多彩的文艺作品是文艺工作者心系群众，为人民发声的成果。党的十九大报告指出，社会主义文艺是人民的文艺，必须坚持以人民为中心的创作导向，在深入生活、扎根人民的过程中进行无愧于时代的文艺创造。习近平总书记关于文化建设的重要论述始终坚持群众观点与群众路线，曾多次强调社会主义文艺的人民性。文艺和人民是彼此需要的关系，文艺满足人民的精神需求，人民是文艺创作的活水源头。社会主义文艺必须要反映好人民心声，坚持以人民为中心的创作导向。

首先，以人民为中心的创作导向，要求文艺作品要服务于人民群众，满足人民群众的精神需求①。1957 年，第一支乌兰牧骑在内蒙古生根发芽，带着简陋的器具和热忱的真心活跃在戈壁和草原，迎风雪、冒寒暑，以天为幕布，以地为舞台，有露珠、有情怀。几十年来，乌兰牧骑已发展为 75 支。一代代乌兰牧骑队员在马背上记录牧民们的生产与生活，他们坚持一路向前，深入基层，为每一个乡村角落都带去文艺演出，满足群众的精神文化需求，为传播先进文化、活跃农村牧区文化生活作出重要贡献。乌兰牧骑用实际行动证明了“人民需要艺术，艺术也需要人民”，回答了文艺创作为了谁的问题。近年来，党和国家积极开展文化惠民活动。2019 年 4 月举办的“第十二届中国艺术节”本着“艺术的盛会，人民的节日”的宗旨，在降低票价的同时还推出了深入社区、学校、工地的免费演出；此外，国内艺术院校师生充分发挥专业优势，每年在国家大剧院举办“春华秋实——艺术院校舞台艺术精品展演周”活动，先后为 15 万余名观众呈现了 100 台 128 场精彩演出，涵盖话剧、京剧、音乐会、舞剧等多种艺术形式。中央和地方美术馆、博物院等也担当起文化惠民使命，不仅免费向公众开放，还全年不间断地推出各种类型的主题展览，更新并丰富展览内容，其中中国美术馆仅在 2019 年就推出了 89 场精品

① 习近平．在文艺工作座谈会上的讲话．人民日报，2015－10－15.

展览。一系列有力举措不断拓展着文化惠民的深度与广度，以充分满足人民的文化生活需要。

其次，以人民为中心的创作导向，要求文艺作品必须来源于人民群众的现实生活，体现人民群众的现实关切。人民既是社会历史的“剧中人”，也是社会历史的“剧作者”，是社会物质财富与精神财富的创造者。这要求文艺作品绝不能成为空中楼阁，而是要紧紧依靠群众，从人民群众的生活实践中汲取营养，捕捉素材。“一旦离开人民，文艺就会变成无根的浮萍、无病的呻吟、无魂的躯壳。”[①] 同时，人民群众的需要和喜爱是文艺作品的根本价值所在，脱离了人民现实生活的文艺作品不会引起人民群众的共鸣，只会被人民群众所抛弃。党的十八大以来，我国文艺作品兼顾“质”“量”，齐头并进。据国家广播电视总局数据，2017 年至 2019 年我国共有 891 部电视剧生产完成并获准发行，总集数达 3.78 万，涵盖当代都市、当代青少年、农村等多种题材，生产故事、动画、科教、记录和特种影片共 3 089 部。据 EPS 数据平台统计，2017 年至 2019 年我国共出版各类图书共计 1 537 716 种。同时，每年各大电影电视和文学奖项的评选逐渐成为聚焦时代、社会和家庭的现实主义题材作品的角逐场。电视剧《人民的名义》以反腐败为主题，反映了人民群众对公平和正义的诉求，《小别离》《小欢喜》

① 习近平．在文艺工作座谈会上的讲话．人民日报，2015－10－15.

关注留学与高考下的家庭关系，赢得观众的强烈共鸣。电影《我不是药神》引发了人们对于医疗体制的热烈讨论。长篇小说《在人间》展现了时代浪潮中普通人的成长历程。这些文艺作品扎根于人民生活，反映人民需求，启发人民思考，从各行各业的视角描述了中国社会的巨大变迁和百姓生活的跌宕起伏，艺术化地再现了国家发展的步伐和人民群众追求美好生活的努力。在新中国成立 70 周年之际，歌唱家郭兰英获得了“人民艺术家”国家荣誉称号，在生活与工作中，郭兰英讲得最多的话就是：“歌，唱的是人民的生活；人民，是取之不尽的艺术。”

再次，以人民为中心的创作导向，强调文艺作品的创作与繁荣离不开人民群众的广泛参与。文艺与人民群众的关系不应是河的两岸，人民群众不应只能站在河的一边远远地观望对岸的文艺作品，文艺与人民应是紧密联系、彼此融合的，每一个人都既可以是文艺作品的享受者，也可以是文艺作品的创作者。2020 年，人民网文娱部发起的“人民战‘疫’文艺作品征集”活动受到了广泛关注，为人民群众参与抗疫精神的文艺创作与传播提供了良好机会，文学、美术、书法、摄影、曲艺、音乐、短视频等文艺形式既充分表达了人民心中的战疫感想，又凝聚了众志成城的强大正能量，极大地丰富了人民群众的精神生活。

丰富多彩的文艺作品是文艺工作者弘扬正气、为时代发声的成果。习近平总书记深刻指出：“古今中外，文艺无不遵循这样一条规律：因时而兴，乘势而变，随时代而行，与时代同频共振。在人类发展的每一个重大历史关头，文艺都能发时代之先声、开社会之先风、启智慧之先河，成为时代变迁和社会变革的先导。”[①] 每一个具体的历史时期都有该时期的时代任务，我国优秀文艺工作者在把握新时代社会主义现代化建设实践的过程中创作了一批又一批文艺精品，彰显了时代特色，讴歌了时代精神，展现了时代风貌。

首先，新时代文艺创作紧紧围绕主旋律，弘扬正能量，满足了当代中国社会主义精神文明建设的需要。以影视作品为例，近年来国产主旋律影片迎来高光时刻。其中，展现中国军人家国情怀与赤胆忠诚的影片《战狼 2》从众多电影作品中脱颖而出，荣登中国电影票房榜首；《烈火英雄》让人民群众认识了平凡又伟大的消防员群体；《红海行动》《湄公河行动》展现了中国公安机关的忠诚履职、勇于担当；《中国机长》《夺冠》《攀登者》等由真实事件改编而成的影片展现了积极向上，英勇无畏的精神风貌。

其次，新时代文艺创作立足于中国发展实际，突出了时代特色。“文章合为时而著，歌诗合为事而作。”近年来，我国文艺界围绕“新中国成立 70 周年”“改革开放 40 周年”“马克思

---

① 习近平．在中国文联十大、中国作协九大开幕式上的讲话．人民日报，2016－12－01.

诞辰 200 周年”等重大时间节点推出了系列文艺精品，举办了丰富多样的主题文艺作品征集和展览活动。立足于 2020 年中国抗击新冠肺炎疫情的伟大实践，我国各地纷纷以弘扬抗疫精神为主题举办文艺作品展，或将抗疫主题展作为艺术馆的“开门第一展”，凸显抗疫精神的时代价值。通过一系列成规模、成系统的展览活动，我国文艺界向广大人民群众展现了更加直观可感的抗疫力量。

再次，新时代文艺创作坚持面向世界，不断提高中华文化的国际影响力。近年来随着我国对外开放水平的不断提升，中国与世界各国的经济文化联系日益紧密，文艺创作不仅面向国内人民、服务国内群众，还承担着走向世界，接受世界民众赏析检验的任务。一方面，中国经验、中国倡议、中国方案等在国际舞台的广泛传播与实践，为我国文艺的国际传播提供了新的契机和养分。其中，“一带一路”倡议及其实践为我国社会主义文艺精品的创作提供了丰富的素材。中国东方演出集团有限公司创作的《丝路霓裳》，中国交响乐团创作的《长安门》，中央芭蕾舞团创作的《敦煌》，以及中央民族乐团创作的《丝绸之路》等歌舞作品纷纷走出国门登上国际舞台，共同谱写出以“一带一路”为核心题旨的文艺新旋律。在 2017 年 12 月 14 日召开的“一带一路”国际合作高峰论坛上，为迎接各国来宾而筹办的文艺晚会“千年之约”，为观众们呈现了一场视听盛宴，展示了一个东方文明的文化底蕴与友好面貌。另一方面，越来越多的中国文艺精品走向世界市场，受到国际舆论盛赞。例如，莫言凭借其作品《蛙》获得诺贝尔文学奖；科幻作家刘慈欣创作的《三体》获第 73 届雨果奖最佳长篇小说奖，打破了西方文学对科幻世界话语权的长期垄断，成为雨果奖颁发历史上的第一部非英文作品，美国杂志《纽约客》称这部作品“唤起了人们对探索和宏观的美景的兴奋感”“是对于人类终极问题的思考”。此外，电影《流浪地球》在海外一经上映便引爆票房，在美国著名的互联网电影数据库（IMDb）网站上获得了 8.0 的高分，《纽约时报》报道称，在电影业中中国是科幻片领域后来者的局面就要改变了。

三、兴旺发达的文化事业

“满足人民基本文化需求是社会主义文化建设的基本任务。”[①] 在政府主导下，我国逐步完善公共文化服务体系、现代传播体系、优秀文化传承体系和城乡文化一体化发展体系等，持续推动国家文化事业的繁荣发展，促进文化发展成果进一步惠及人民。

① 中共中央关于深化文化体制改革推动社会主义文化大发展大繁荣若干重大问题的决定．人民日报，2011－10－26.

一是公共文化服务体系逐步完善。公共文化服务体系建设是保障人民群众基本文化权益的重要举措，也是我国文化事业建设的重点工程。党的十八大以来，国家公共文化服务体系建设愈发完善，形成了容括国家、省、地市、县、乡、村及城市社区等在内的六级公共文化服务网络。

一方面，我国不断增加公共事业经费投入，中央财政持续加大对文化事业建设的扶持力度，为公共文化服务体系的良好运转提供了强有力的资金保障。据 EPS 数据平台统计，2015 年至 2018 年，文化事业费总支出占国家财政比重分别为 0.39%、0.41%、0.42%、0.42%，总体占比保持稳步增长态势。2019 年，中央财政通过继续实施“三馆一站”免费开放、非物质文化遗产保护、公共文化服务体系建设、旅游发展基金等项目，共补助各地文化和旅游建设资金 101.00 亿元，比上年增长 22.5%。全年共支出文化和旅游事业费 1 065.02 亿元，较 2017 年的 855.80 亿元增长了 24.4%，占全年财政总支出的 0.45%。

另一方面，公共文化基础设施建设不断加强，公共文化组织机构和人才规模不断扩大，各类文化活动丰富着群众精神生活。习近平总书记在 2014 年接受俄罗斯电视台专访时说道：“读书可以让人保持思想活力，让人得到智慧启发，让人滋养浩然之气。”① “全民阅读·书香中国”是我国文化事业发展中

① 习近平接受俄罗斯电视台专访．人民日报，2014－02－09.

重点推进的文化惠民工程，截至 2019 年底，全国共建成公共图书馆 3 196 个，实际占地面积为 1 699.67 万平方米，图书总藏量 111 781 万册，阅览室座席 119.07 万个，与过去几年相比，各项数据都处于持续增长状态，其中图书馆数量较 2012 年增加了 100 余座。公共图书馆为人民群众提供了读书学习的丰富资源和参与文化活动的专门平台，2019 年全国公共图书馆发放借书证 8 627 个，比上年增长 18.8%，为读者举办各种活动 195 732 次。同时，在群众文化机构建设方面，2019 年底全国共有群众文化机构 44 073 个，机构从业人员有 190 068 人，全年共组织开展各类文化活动场次 245.11 万，服务人次 78 716 万，分别比上年增长了 11.7%和 11.6%。与此同时，为促进新时代群众文艺的繁荣发展，各级部门积极发动人民群众参与文艺创作，推动广大人民从文艺“旁观者”向文艺“参与者”转变。至 2019 年末，全国共有由文化馆指导的群众业余文艺团体 44.18 万个，馆办老年大学 769 个[①]。我国在满足普通群众基本文化需求的同时，还着意建设老年活动中心、儿童书屋等配套设施，保障了特殊群体的文化需求与文化权益。除此以外，各类群众性文化自治组织和文化品牌活动坚持自愿自主、健康多样、便捷长效的原则，贴近人们的现实生

① 中华人民共和国文化和旅游部 2019 年文化和旅游发展统计公报. http://www.gov.cn/shuju/2020-06/22/content_5520984.htm.

活，充分激发了社会公共文化发展活力，使人民群众真正成为文化创作、欣赏和评判的主体。

二是现代文化传播体系逐步拓宽。2017 年 5 月，中共中央办公厅、国务院办公厅印发《国家“十三五”时期文化发展改革规划纲要》，明确指出文化传播工作的任务是要使“现代传播体系逐步建立，传统媒体与新兴媒体融合发展取得阶段性成果，形成一批新型主流媒体和主流媒体集团，网络空间更加清朗，社会舆论积极向上”[①]。为了提升中华文化的吸引力与影响力，党和国家近年来着力发展并逐步构建起技术新颖、覆盖广泛的现代文化传播体系。

一方面，中华文化的国内传播体系日趋完善。现代传播媒介随着科学技术的发展而不断更新换代，互联网技术在提高社会生产力、带来更多经济效益的同时也促进了信息传播手段的更新和传播规模的扩大，主流媒介逐渐从传统纸媒、视媒向网络媒介转化。2014 年，中央全面深化改革领导小组第四次会议审议通过了《关于推动传统媒体和新兴媒体融合发展的指导意见》，“融媒体发展”正式上升为一项战略工程。近年来，中央媒体率先开展技术融合工作，发挥模范带头作用，地方各级媒体紧跟其后，深入推进媒体技术融合。2018 年，中央电视台、中央人民广播电台、中国国际广播电台合并，组建成立新

① 国家“十三五”时期文化发展改革规划纲要．人民日报，2017-05-08.

的中央广播电视总台；2019 年中宣部推出“现象级”融媒体平台——“学习强国”，“学习强国”平台充分整合了各级各类报纸、刊物、电视台、网站、政府宣传部门等文化传播载体，为用户提供了内容丰富、形态多样、形式便捷的海量学习资源。与此同时，各省市纷纷建立融媒体中心，不断创新媒体融合发展模式，湖南、安徽、江苏等省依托于本地特色，相继建立起“芒果云”“海豚云”“荔枝云”等融媒体平台。

另一方面，中华文化的国际传播能力逐渐提高。首先，以孔子学院为代表的中外合办教育机构在传播中华文化、提升中国国家形象的过程中发挥了越来越重要的作用。截至 2019 年 12 月，我国共在全球 162 个国家和地区建立了 541 所孔子学院和 1 170 个孔子课堂，辐射国家或地区比上一年增加了 8 个，办学规模呈现逐步扩大趋势。在孔子学院积极发挥国际文化传播作用的同时，中国文化中心也活跃于文化外交的舞台，我国已在全球建成 39 个中国文化中心，各国的中国文化中心作为文化交流的窗口，常态化地组织艺术培训、文化展演等各类项目，创新服务形式与方法，与驻在国合作，主动融入当地文化生活，增加本土参与成分。孔子学院和海外中国文化中心的设立拓宽了中华文化传播渠道，使中华文化走出去的步伐更加稳健。其次，国际平台上的中华文化交流产品丰富多彩。中华文化在国际传播和交流过程中逐渐培育了一批有影响力的中国品牌，中国功夫、中国书法、中国春节等传统文化精粹都成为了中华文化在世界文化场域中的鲜明符号。其中，“汉语”“汉字”更是因其独特魅力引起外国人士争相学习，“汉语桥”世界大学生中文比赛至今已连续举办了 19 届，影响范围和比赛规模都在逐年扩大。汉语作为中华文明的载体，是打开中国“文化大门”的钥匙，居高不下的海外汉语学习热度、持续兴起的海外中华文化热与中国综合国力和国际影响力的大幅提升密不可分，中华文化在国际交流传播中展现出的迷人魅力不断吸引着世人的目光。

三是优秀传统文化传承体系逐步成型。中华优秀传统文化是我国文化发展的活水源头，不断为社会主义先进文化建设提供丰厚滋养，为中华民族精神家园构建提供宝贵支撑。在新的历史条件下，党和国家以更加自觉的意识、更为自信的心态，高度重视中华优秀传统文化的继承与弘扬工作，以使中华民族的文明长河川流不息，奔腾不止。2017 年，中共中央办公厅、国务院办公厅联合印发《关于实施中华优秀传统文化传承发展工程的意见》，近年来，各地区、各部门依据这一文件精神，更加重视对中华优秀传统文化价值、内涵的发掘和阐释，更加注重对优秀文化传统的保护和弘扬。

文物保护工程与文化传承机构建设稳步推进。2020 年，文化和旅游部陆续实施“中华优秀传统艺术传承发展计划”，开展“名家传戏——当代戏曲名家收徒传艺”“‘文化和自然遗产日’非遗宣传展示”等工程和活动，扶持了众多优秀传统文化传承发展项目。习近平总书记曾提到，文物承载灿烂文明，传承历史文化，维系民族精神，是老祖宗留给我们的宝贵遗产，是加强社会主义精神文明建设的深厚滋养。保护文物功在当代、利在千秋。在党中央的号召与领导下，我国文物保护工作迈上新台阶。2019 年底，国务院核定公布了第八批共 762 处全国重点文物单位。据《2019 年文化和旅游发展统计公报》，到 2019 年末全国共有各类文物机构 10 562 个，拥有文物藏品 5 130.19 万件/套，比上年末增加 166.57 万件/套，各类文物机构在全年共举办陈列展览 30 728 场，接待观众 134 215 万人次，比上年增长 9.7 个百分点，其中未成年人参观 31 654 万人次，增长 6.7 个百分点，占总参观人数的 23.6%。

文化遗产保护力度进一步加强。文化遗产是历史的见证与结晶，也是中华优秀传统文化的重要组成部分。随着良渚古城遗址申报世界文化遗产取得成功，我国世界文化遗产总数已达 55 项，与意大利并列世界第一。国务院先后公布的四批国家级非物质文化遗产代表性项目名录中共收录 1 372 个国家级非物质文化遗产代表性项目，包括 3 145 个子项，涉及民间文学、传统音乐、传统舞蹈等十大门类，并专门建设了中国非物质文化遗产网和中国非物质文化遗产数字博物馆。与此同时，我国近年来还加强了对 3 068 位国家级非遗代表性传承人的管理与评估，定期对非遗传承人群进行帮持培训，培养传承人的使命与担当意识，履行保护义务，促进非物质文化遗产的可持续发展。在国家大力支持非遗事业的同时，各省各地也积极建设非遗博物馆，进行非遗文化的宣教和普及，2019 年全年共举办相关大中型活动 3 200 余场①。

中华优秀传统文化的传承方式与传承内容不断更新。国学诗词、地方方言、传统医药等优秀文化成果亦是中华优秀传统文化的重要内容，夯实了中华民族的生存之本、发展之根。推动优秀传统文化成果的创造性转化与创新性发展需要在传承方式与传承内容上下足功夫。一方面，我国积极推动社会民间传承、学校教育传承、数字化技术传承、文化场馆传承等多种传承方式互融共生，打造了一张立体化、全面化、多样化的传承网络，促使优秀传统文化的影响力渗透到人民群众生活的方方面面；另一方面，我国优秀传统文化的传承内容也随着时代需求而不断调整。传统文化与时代元素相融合，被赋予鲜明的时代特色，为我国现代化建设和文化软实力提升提供了滋养之源。

四是城乡文化一体化发展取得良好进展。加快城乡一体化发展是全面建成小康社会和建设社会主义现代化强国的重要任务。文化一体化则是城乡一体化建设工程中的关键环节。党的十七届六中全会指出："增加农村文化服务总量，缩小城乡文

---

① 中华人民共和国文化和旅游部 2019 年文化和旅游发展统计公报. http://www.gov.cn/shuju/2020-06/22/content_5520984.htm.

化发展差距，对推进社会主义新农村建设、形成城乡经济社会发展一体化新格局具有重大意义。”①

城乡文化一体化建设事关文化强国建设乃至社会主义现代化建设全局，具有重大战略意义。首先，城乡文化一体化建设是筑牢我国文化建设社会主义属性的必然要求。社会主义文化是人民的文化，应该无差别地为人民所享用。城乡文化一体化建设完善了农村的公共文化服务体系，拓宽了公共文化覆盖面，保障了城乡居民平等享受基本文化权益，极大改进了广大农村地区文化设施不足、文化资源匮乏、文化结构不优、文化服务不强等现实困境。其次，城乡文化一体化建设是解决新时代我国社会主要矛盾的必要举措。当前社会的主要矛盾是人民日益增长的美好生活需要和不平衡不充分的发展之间的矛盾，文化发展不充分、城乡文化发展不平衡是这一矛盾的重要部分。城乡文化一体化建设打破了城市和农村之间的文化发展壁垒，推动文化资源向落后地区倾斜，文化服务向落后地区延伸，促进城乡社会全面、协调、可持续发展，逐步实现文化要素的自由流动、科学整合和优化配置。

我国通过合理配给文化资源与财政支出，在城乡文化一体化建设中取得了显著成效。一方面，我国通过调整城乡文化建

---

① 中共中央关于深化文化体制改革推动社会主义文化大发展大繁荣若干重大问题的决定．人民日报，2011－10－26.

设的财政配比，缩小城乡文化发展差距。据文化和旅游部近三年的文化发展统计公报数据显示，2017年全国文化事业费中，县以上文化单位398.35亿元，占46.5%，县及县以下文化单位为457.45亿元，占53.5%；2018年县以上文化单位424.96亿元，占45.8%，县及县以下文化单位为503.37亿元，占54.2%；2019年全国文化和旅游事业费中，县以上文化单位为516.91亿元，占48.5%，县及县以下文化单位为548.11亿元，占51.5%。由此可见，国家文化事业经费持续向基层倾斜。另一方面，我国积极筹划文化帮扶活动，协调城乡文化资源供给。据文化和旅游部公报显示，2019年共有2 325个县（市、区）出台公共文化服务目录，494 747个行政村（社区）建成综合性文化服务中心，年末全国共有群众文化机构44 073个，其中乡镇综合文化站33 530个，保证了乡镇公共文化服务工作的有效开展。国家“文化惠民”政策逐步推进，广播电视村村通、全国文化信息资源共享、农村电影放映、农家书屋、西部开发助学和电视进万家等工程的建设都取得显著进展。与此同时，“文化下乡”等文化志愿服务活动如火如荼，2019年全国艺术表演团体共演出296.80万场，其中赴农村演出171.27万场，占总演出场次的57.7%；国内观众12.30亿人次，其中农村观众7.68亿人次；戏曲进乡村工程亦有序推进，全年有关机构共为国家级贫困县的12 984个乡镇配送 8 万场戏曲演出，比上年增加 3 000 左右场次[①]。总之，我国乡镇公共文化服务内容更加丰富、覆盖面更加广阔。

四、缤纷璀璨的文化产业

“发展文化产业是社会主义市场经济条件下满足人民多样化精神文化需求的重要途径。”[②] 党的十八大以来，我国文化产业迎来黄金发展期，文化生产在丰富人民群众精神文化生活、助推国家经济增长等方面发挥着愈发重要的作用，文化产业逐渐成为经济发展的新增长点和经济转型的新着力点。

一是文化产品有效供给大幅扩大。推进供给侧结构性改革是党和国家高度重视的重要经济工作部署，实现文化产品有效供给是推行供给侧结构性改革的重点领域。近年来，党和国家从提高文化产品供给质量出发，既回应了人民群众日益增长的精神文化需求，又提升了我国文化产品的吸引力，实现了兼顾人民需要与产品质量提升的良性循环，扩大了文化产品的有效供给。

---

① 中华人民共和国文化和旅游部 2019 年文化和旅游发展统计公报. http://www.gov.cn/shuju/2020－06/22/content_5520984. htm.

② 中共中央关于深化文化体制改革推动社会主义文化大发展大繁荣若干重大问题的决定．人民日报，2011－10－26.

我国在公共文化服务系统中引入市场元素，努力构建多方供给、有序竞争的良好格局。在不断完善以公有制为主体、多种所有制经济共同发展的所有制结构基础上，我国政府坚持简政放权，不再大包大揽式地开展公共文化建设工作，而是转变运作方式，引入市场竞争机制，优化公共文化服务建设工作的主体结构。一方面鼓励社会力量参与公共文化服务建设，营造平等准入的发展环境，加强对社会力量的政策扶持，推动文化生产领域体制机制创新。另一方面发挥社会力量建设公共文化，开展重大工程项目招标工作，在减轻政府压力的同时激发整个社会的文化活力与创造力。

我国积极构建多层次多种类的文化产品市场，不断丰富人民群众文化消费内容。建立多层次多种类的文化产品市场，满足不同人群的文化需要是发展文化产业的重点，既要建设好音影动画等传统文化产品市场，也要建立起以网络为载体的新兴文化产品市场；既要开发利用传统文化元素，也要发掘新兴文化元素。在党和国家的号召与鼓励下，我国文化产品市场涌现了大量人民群众喜闻乐见的文化产品。2019 年我国共生产故事影片 850 部，科教、纪录、动画和特种影片 187 部。出版各类报纸 315 亿份，各类期刊 22 亿册，图书 102 亿册（张），人均图书拥有量达 7.29 册（张）[①]。全国 400 家重点艺术院团继

① 中华人民共和国 2019 年国民经济和社会发展统计公报 .http：//www. stats. gov. cn/tjsj/zxfb/202002/t20200228_1728913. html.

续开展“深入生活、扎根人民”工作，共创排艺术作品816部，其中新创523部，复排228部，移植改编65部[①]。我国图书出版品种与总量、电视剧制播量和电影银幕数居世界第一，电影市场规模稳居全球第二。值得注意的是，在蓬勃开展的文化产品创作实践中，主旋律文化精品的供给也日益丰富。《习近平谈治国理政》等政治读物不仅在国内引起强烈反响，还被翻译为多种外文版本热销海外；《外交风云》《伟大的转折》《在远方》等一批歌颂党、歌颂人民英雄的影视剧作大受欢迎。

我国坚持创新驱动文化产业发展，打造特色文化品牌。创新是提升文化活力的根源，文化产品就是在不断创新中实现新发展，开辟新市场的。近年来我国文化产业切实融入国家创新驱动整体战略中，在相关政策推动下，国内涌现出一大批兼具社会效益与经济效益的文化品牌，有效引领了我国文化产业的健康发展。例如，故宫博物院创新发展思维，突破固有模式，充分利用故宫丰富的文物藏品和深厚的文化底蕴，以“故宫的猫”“宫廷人物”“祖国山河”等为主题研发设计7 000多种文化创意产品，将故宫文化元素贯穿于吃、穿、用等民众生活的各个方面，这些文创产品一经推出就受到了人们的热烈欢迎，

① 中华人民共和国文化和旅游部2019年文化和旅游发展统计公报. http://www.gov.cn/shuju/2020-06/22/content_5520984. htm.

2017 年故宫文创产品销售额就高达 15 亿元，超过了1 500 家A股上市公司的收入。故宫博物院在取得巨大经济收益的同时也使故宫文化走进了“千家万户”，无形之中普及了文物藏品的基本知识，提升了故宫的影响力，弘扬了中华优秀传统文化，成功打造了“故宫博物院”这一文化品牌。文化产业拥有无限的市场潜力，我们应激发文化产业的创新创造活力，塑造更多具有中国特色、民族风格的创意文化品牌。

二是文化产业向国民经济支柱性产业目标迈进。在全面深化经济体制和文化体制改革、调整国内产业布局、转变经济发展方式的背景下，我国文化产业逐渐成为国民经济发展的新增长点。2018 年我国文化产业及其相关经济增加值为 38 737 亿元，占 GDP 比重为 4.30%，比上年增加了 0.1 个百分点；2019 年 5.8 万家规模以上文化产业及其相关经济营业收入为 86 624 亿元，与过去几年相比，保持着持续平稳增长的势头。从文化产业及其相关经济的行业类别来看，9 类行业全部实现正向增长，其中增速超过 10%的有新闻信息服务、文化投资运营、创意设计服务等。从文化产业领域来看，文化服务业营业收入增速为 12.4%[①]。文化产业在推动国民经济增长中发挥着愈发重要的作用。

---

① 2019 年全国规模以上文化及相关产业企业营业收入增长 7.0%. http://www.stats.gov.cn/tjsj/zxfb/202002/t20200214_1726365.html.

同时，我国文化产业与其他经济元素相互渗透和融合，催生出更多创意经济模式，打造经济发展的全新增长极。2019年是5G商用元年，5G成了助推经济增长的新发展要素，中国在5G研发与应用方面处于国际领先地位，是5G标准的主导者。在推动5G发展的过程中，中国参与的企业数量最多，贡献最大，成就也最显著。与此同时，我国文化产业与以5G为代表的数字技术进行深度融合，文化供给的产品、渠道和方式不断创新，培育了新兴文化业态，拓宽了文化消费领域，引领文化消费新需求。随着5G技术的运用，VR虚拟现实和AR增强现实等技术逐渐应用于文化产业，传统文化业态的数字化程度不断加深，创造出可视化、交互性、沉浸式等数字创意产品和服务；而动漫游戏、音乐影视等已经拥有一定经济成就和广泛用户基础的数字文化产品发展势头更为欣欣向荣。除了“文化＋互联网”的融合路径，文化也作为新兴经济因子赋能于各行各业，“文化＋产品”“文化＋旅游”“文化＋服务”“文化＋金融”等模式不断解锁经济发展新业态，文化产业逐步向国民经济支柱性产业迈进。

三是文化产业服务民生的作用更加凸显。文化产业服务民生的显著作用，首先表现为文化产业的快速发展创造了大批新兴就业岗位。文化产业链条长、覆盖广，在吸纳就业，促进民生事业发展方面的作用愈发突出。2019年国家统计局公布了第四次全国经济普查公告，报告显示，至2018年末全国共有文化及相关产业法人单位 210.3 万个，是 2004 年普查时的约 6.6 倍，从业人员有 2 055.8 万人，占全国第二、三产业法人单位从业人员的 5.4%。五年间文化产业从业人员年均增长 150 万人，约占同期城镇新增就业人员的十分之一多[①]。文化产业的快速发展及其产业链条的延长带来了可观的就业市场，提供了种类多样的就业机会。

扶贫是一项民生大事，文化作为一种特色资源逐渐融入扶贫工作，“文化扶贫”成为助推脱贫攻坚事业的重要工程。党和国家鼓励贫困地区发掘文化特有优势，以传统工艺或文化遗产的现代生产带动当地经济发展。2018 年，文化和旅游部与国务院扶贫开发领导小组办公室联合下发了《关于支持设立非遗扶贫就业工坊的通知》，支持 10 个“非遗+扶贫”重点地区推进非遗助力精准扶贫工作，并设立非遗扶贫就业工坊 156 家，举办各类非遗助力精准扶贫培训 840 余次，培训学员 1.9 万人[②]。与此同时，国家积极推进贫困地区文化旅游扶贫工作，整合贫困地区特色文化资源，发展文化旅游产业，在西南地区推出“三区三州”旅游大环线品牌，加强“三区三州”地区旅游扶贫合作，深入挖掘并联动“三区三州”范围内的自然

---

① 第四次全国经济普查公报（第六号）. http：//www.gov.cn/xinwen/2019-11/20/content_5453897.htm.

② 中华人民共和国文化和旅游部 2019 年文化和旅游发展统计公报. http://www.gov.cn/shuju/2020-06/22/content_5520984.htm.

人文景观与特色民风民俗，加大对“三区三州”等深度贫困地区旅游基础设施及公共服务设施建设的投入和支持，2019年已通过中央预算内投资支持有关项目329个，安排中央预算内投资32.65亿元。

文化资源对于贫困地区的改变不仅仅是文化设施或文艺活动数量的增加，更是乡村精神面貌的提升和经济发展路径的优化。文化助力扶贫事业，首先表现在文化“启智”。文化扶贫不是用新的文化价值观念直接替换传统文化价值观念，而是在贫困群众头脑内部催生出脱贫的内生动力。“扶贫先扶智，扶智先扶志。”实践证明，锐意进取、勇于拼搏的精神是完成脱贫攻坚事业的重要推动力。其次，文化助力扶贫事业表现为文化“丰产”。“授人以鱼不如授人以渔。”一些交通闭塞、经济落后的地区往往蕴藏着独特的原生态文化资源，这些文化都可以成为相对落后地区的“渔”技。通过发掘并利用这些特有的文化元素，各地区不断开创可持续的发展道路，实现落后地区的经济转型和人民群众的就业增收。

近年来我国文化建设实践充分证明，中华文化发展与国家现代化建设是相辅相成、相互促进的关系。习近平总书记曾说过，“中华优秀传统文化，是中华民族的根和魂”[①]，强调“中

① 习近平．在庆祝澳门回归祖国15周年大会暨澳门特别行政区第四届政府就职典礼上的讲话．人民日报，2014-12-21.

华民族伟大复兴需要以中华文化发展繁荣为条件”①。新时代的中国为中华文化的蓬勃发展营造了更加优质的环境与条件，创造出了数不胜数的文化成果。这些光华灿烂的时代成果是中国国家实力的呈现，是中华儿女智慧的结晶，更是中华民族伟大复兴的文明见证！

① 认真贯彻党的十八届三中全会精神 汇聚起全面深化改革的强大正能量. 人民日报，2013-11-29.

第五章

海纳百川的文化胸襟

开放包容是不同文明交流互鉴的不懈动力，是民族文化永葆活力的不二法门。“中华民族是一个兼容并蓄、海纳百川的民族，在漫长历史进程中，不断学习他人的好东西，把他人的好东西化成我们自己的东西，这才形成我们的民族特色。”[①] 习近平总书记这一深刻论断，有力揭示了中华民族素来拥有的海纳百川的文化胸襟，科学揭示了支撑中华文化长盛不衰的重要因素。千百年来，中华民族以开阔的胸襟气度，遍结天下好友，广纳万邦文明，让中华文化在世界文化激荡中不断丰富发展。时至今日，中国依然敞开胸怀，主动与世界各国搭建文化

---

① 习近平．习近平谈治国理政：第 1 卷．2 版．北京：外文出版社，2018：105 - 106.

互通之桥，以他国文化精华滋润自身文化根苗，凝聚世界认同，汇合人类精华，培育出面向现代化、面向世界、面向未来的中国特色社会主义文化。

一、中华文化的包容特质

回望中华民族的千年历史画卷，我们随处可见中外文化友好交流的珍贵记录。上自天子朝廷，下至布衣百姓，共同书写了中外文化交流的辉煌篇章，“海纳百川”的谦逊豁达与“协和万邦”的宽宏开放早已深深融进中华民族的血脉精魂。中华文化以开放之怀融汇世界优秀文化精华，保持发展更新的生机活力，历经沧海桑田，始终勇立于时代潮头，屹立于世界文明之林。

开放包容是中华民族文化心态的基本特质。中国古人历来以“中”“华”“夏”“中国”自称，建构起了以中华民族为核心、同时辐射四极八荒的传统“天下”观。在中华文明发展的上升时期，这种“天下”观并不是一种狭隘的自我中心主义，而是恰恰包含着一种以我为主、兼及四方的开放包容精神。以世界广为熟知的汉唐盛世为例，汉唐时期，中国就对外界充分展现了开放的胸襟与豁达的气度。两汉之际，随着大一统中央政权的稳固建立，积极进取的中华民族就把目光投向了域外地区。西汉张骞两度出使西域，凿通中国与西方文化往来的丝绸之路；东汉班超在西域经营数十年，保持着中国与西亚、欧洲的政治经济文化交往；班固在《汉书·西域传》中记录了汉朝时期中外文化的交流盛况：“睹犀布、玳瑁则建珠崖七郡，感枸酱、竹杖则开牂柯、越巂，闻天马、蒲陶则通大宛、安息。自是之后，明珠、文甲、通犀、翠羽之珍盈于后宫，薄梢、龙文、鱼目、汗血之马充于黄门，巨象、师子、猛犬、大雀之群食于外囿。殊方异物，四面而至。”这些都是两汉文化开放精神的生动体现。当此之时，伴随着驼铃商队传入中国的，不仅有西域的葡萄、胡豆、胡麻、胡桃及良马、织物、玻璃等物产，还有西域各国的音乐、舞蹈及印度的佛教等异域文化。“灵帝好胡服、胡帐、胡床、胡坐、胡饭、胡空侯、胡笛、胡舞，京都贵戚皆竞为之。”[①] 这一境况生动说明西域文化在两汉时期中国上流社会产生的重要影响。唐代是中国文化史上更为豁达、开放的朝代。印度佛学自汉代始入中国以来，经魏晋南北朝数百年的发展，至唐朝时期已经盛况空前。此外，唐代都城长安堪称当时世界的文化中心。来自东北亚、东亚、东南亚、南亚、中亚、西亚、北非、欧洲的官方使团、民间商贾、贵族、学者、传道士等齐聚长安，其中的外国侨民和外籍居民即达数万人。各民族的饮食、服饰、器物、娱乐、绘画、音

① 《后汉书·五行志》

乐、舞蹈、文俗、信仰等在这一舞台上争奇斗艳、自由传播，形成了“九天阊阖开宫殿，万国衣冠拜冕旒”的盛大景象。可以说，中国古人胸怀“协和万邦”[①]“万邦咸宁”[②]的开放精神，创造了中华文化辉煌灿烂的发展盛况，写就了中外文明交流的华彩篇章。

中华文化的开放包容心态的形成，离不开中华民族的积极自觉培育。传统中国人民处在政治、经济、社会、文化大一统格局之下，往往能够以雄浑开阔的精神对待外来文化，在积极探求、吸纳外来文化的实践中培育着人们的开放心态。西汉时期，汉武帝为了建立抗击匈奴的广泛军事联盟，派张骞等出使西域。张骞历经10余年寒暑和磨难返回长安后，给当时的中国人生动描绘了一个土地广大、民族众多、文化璀璨的异域世界，引起了包括最高统治者汉武帝在内的中国人的探求热情。“武帝感张骞之言，甘心欲通大宛诸国，使者相望于道，一岁中多至十余辈。”[③]这一记载再现了张骞回国之后汉帝派遣使者前往西域开展政治、经济、文化交流的繁荣之况。张骞也随之以丝绸之路缔造者的身份，成为促进古代世界文明交流的重要人物，其“凿空西域”的大业具有极其重大、深刻的文化意义。东汉明帝曾亲自派遣郎中蔡愔和博士弟子秦景一行前往印

---

① 《尚书·尧典》
② 《尚书·大禹谟》
③ 《汉书·西域传》

度求取佛教典籍。取经队伍在中亚地区恰好遇到印度僧人摄摩腾和竺法兰，两人带着佛教经典沿丝绸之路向中国跋涉。于是蔡愔等人陪同两位高僧以白马驮佛经、佛像，一起抵达洛阳。汉明帝对来华的印度高僧非常尊敬，给予极高礼遇，并下令修建白马寺，延请摄摩腾、竺法兰在寺中译经讲经、传播佛教思想。

唐代统治者在提振国人文化开放包容心态方面同样可圈可点。唐太宗虽然在国家的指导思想上延续其父李渊的做法，以道教为国教并对儒学给予极高的尊崇地位，但他面对来自异域的佛教文化时，亦表现出了极大的包容精神。他不仅自称“皇帝菩萨戒弟子”，而且自述其“自有国以来，未尝创立道观。凡有功德，并归僧舍。虽往日操戈临阵，亦未始纵威滥杀。今所在战场皆立佛寺。至于太原旧第亦以奉佛。”[①] 这种开放精神充分展示了盛唐文化的海纳百川气度。除儒释道可以在唐代社会并行不悖、交流激荡外，唐太宗对当时传入中国的宗教信仰——景教亦秉持一种包容和支持的态度。《大秦景教流行中国碑》对此有着珍贵记述。据碑文记载，古罗马传教士阿罗本携带景教经文于贞观九年抵达长安，李世民命宰相房玄龄等率队出城迎接，皇帝在宫中亲自召见阿罗本，并围绕景教教义展开交流讨论（“帝使宰臣房公玄龄总仗西郊宾迎入内。翻经书

① 《佛祖历代通载·卷十一》

殿。问道禁闱”）。在了解了景教信仰的基本内容后，唐太宗对景教教义给予了积极评价，认为其“词无繁说，理有忘筌，济物利人，宜行天下”。因此下令在京城建教堂，度信徒，传教义。唐代统治者的文化开放政策对提振国人的开放包容心态具有积极促进意义。

两宋统治者“守一望多”，同样采取积极的文化开放政策。最能体现宋代文化之开放精神的案例，便是中西文化交通史上非常著名的开封犹太人事件。犹太人素有“唯一纵贯 5 000 年、散居五大洲的世界性民族”的声誉。在与世界其他文化交流碰撞过程中，犹太文化总能保持自身的独特精神，而鲜有被其他文明同化、改造的案例。犹太文化的这种独特性，被德国哲学家康德称为宗教融合中“铁的规律”的一个例外。但是，这个“例外”在犹太文化与中华文化相遇过程中被打破了。北宋之际，一支犹太移民沿丝绸之路来到中国，中国人敞开胸怀接纳他们，赵宋皇帝慨然允许他们在恪守犹太信仰与文化的同时定居中国，“遵守祖风，留遗汴梁”。在这种充满友善、包容精神的文化氛围中，开封犹太族群先是获得蓬勃发展，其后渐次被中华文化所同化。这其中所反映的就是宋代文化可贵的开放精神，反映着赵宋统治者的开明政策对国人开放包容文化心态的有效培育。最高统治者亲自推动外来思想文化在中国的传播和发展，极大开阔了国人视野，塑造和提振了国人的文化包容心态。

由历史可以看出，中华文化不倡以武力和霸权之“刚”来征服他人，而崇尚以文化和德性之“柔”感化他人，崇尚以文化人，以德服人。因此，中华民族的开放包容突出表现于优秀传统文化中的崇文尚德思想。这一点在儒家思想中有着充分的体现。孔子在和他的学生们讨论国家治理问题时指出，如果地处偏远的人们与统治者之间存在矛盾和误会，为政者就应该修文隆德，消除彼此误解，使双方最终握手言欢（“远人不服，则修文德以来之”①）。在孔子看来，处理人与人之间矛盾冲突的最佳选择，不是双方兵戎相见、在武力上一决高下。因为，诉诸强力就意味着关闭了双方沟通、交流的大门，即使最后征服了对方，但这种“服”也只是对武力的暂时屈服。相反，敞开胸怀，在开放包容的气氛下通过恢弘自身道德修养的办法使原本“不服”的远人自愿归附，这种“服”就是对政治和道德教化的“心悦诚服”。这才是开放式地解决问题的有效办法，它凸显的是基于德性修养的包容精神。中国古人赞赏有德行的君子能够包容、周全人众，即所谓“君子周而不比”②，强调的就是这一道理。所以，当楚人叶公向孔子请教治理国家的有效措施时，孔子回答说，仁者治理国家，会使邦内之民幸福愉悦，使外邦之民闻风归化（“近者说，远者来”③）。中国古代

① 《论语·季氏》
② 《论语·为政》
③ 《论语·子路》

文明常常在政治上、文化上使外来民族、外来文化倾心归顺、接受同化，这是中华优秀传统文化中的开放包容精神的重要体现。与西方文明历来强调用武力征服的手段同化融合其他文明的传统思维不同，在中国古人看来，一种文明的同化包容能力，从根本上而言是建立在自身德性涵养基础之上的，因此中华文明历来主张以文德包容、感化天下，这恰恰就是古汉语中“文化”一词的原初之意（“关乎人文，以化成天下”[①]）。

需要强调的是，这种同化是在保持自身文化独立性和自主性前提下的同化，“海纳百川”的“纳”是吸纳而非被吸纳，“有容乃大”的“容”是包容他人而非被他人所消融。所以，中华民族的开放包容以自尊自信为前提。“自疑不信人，自信不疑人。”[②] 对自身文化拥有高度信心者，才能真正以开放的胸襟尊重、包容域外文化，并在与域外文化的交流互鉴中提升自身文化的发展水平。

中华文化在与外来文化相遇、相交、相“容”的过程中，始终保持自尊自信，在自身的独立性和自主性基础上展开文化交流。流光溢彩的敦煌艺术就是古代世界的多元文化充分融入中华文明的生动体现。在传世的大量石窟壁画、残稿遗书中，我们不难发现波斯文化、印度文化以及其他文化的影子，其相

① 《周易・贲》
② 《素书・安礼章》

融于中国本土的美术、宗教，在漫长的岁月中完成了中国化，成为中华文化的一部分。以佛教为例，印度佛教传入中国以后，虽然对中华文化带来了不小的冲击，但儒家传统知识分子出入佛学、尽领奥妙之后，返本归根创造出了体系恢宏的宋明理学，将中华文化推至新的发展高峰。历史证明，中华文化之所以未在世界文化浪潮中消弭，而是在多元文化激荡中始终保持向上向前的发展势头，一个重要原因就在于中华民族时刻保持着文化的自尊自信，以外来拓新本来，使中华文化在开放包容、兼收并蓄中焕发出强大生命力。

千百年来，中华文化中的和谐思想、包容精神、开放气度等精神特质在代代传承中不断光大。在经济全球化、世界多极化、文化多样化、社会信息化的当今世界，这种开放精神和包容特质仍弥足珍贵。随着科技的进步、生产的发展，不同国家之间、不同民族之间、不同文化之间的交流沟通日益频繁，原本在地域上彼此隔绝、在心理上相互隔膜的封闭世界已然变成了一个地球村。任何一个国家和民族要想在这个多元并存的世界上立足和发展，就必须具有开放包容的气度。而真正的开放包容精神，并不是某些西方国家所理解和奉行的武力打击异己、吞并弱小的强权理论；真正的开放包容精神，是中华优秀传统文化所坚持的“厚德载物”的文化理念。这种理念认为，只有道德醇厚的大人君子才能像承载万物的大地那样包容承载一切。中华优秀传统文化所独具的这种德化天下、海纳百川的开放包容精神，是当代人类文明应该吸收借鉴的宝贵资源。

二、开放精神与中华文化新发展

作为中华民族宝贵的精神财富，中华优秀传统文化塑造着中国人的民族性格，赋予了中华民族对外开放的文化基因。近代以来，中国共产党人始终以高度的文化自觉和文化自信，在传承和发扬中华优秀传统文化中的开放精神的基础上，根据时代发展需求创造性地提出并承扬“洋为中用”思想，在日渐繁荣的中外文化交往中为中华文化注入新鲜血液，不断开辟中华文化发展的新境界，创造中华文化的新辉煌。

中国共产党人历来具有兼容并蓄、开放包容的文化胸襟。早在 1915 年，22 岁的毛泽东致信同学萧子升阐发自己的求学观，他不仅明确强调了学习采鉴西方历史文化的必要性，而且深刻指出了学习西方文化应循的原则、方法。他说：“观西洋史，当注意中西之比较，取于外乃足以资于内也。”① 1917 年夏，毛泽东为萧子升自订的读书札记本作序，他在序言中勉励好友“庇千山之材而为一台，汇百家之说而成一学”，努力做到“挈其瑰宝，而绝其淄磷”，最终实现“取精用宏，根茂实盛”②。这种遍采

① 中共中央文献研究室．毛泽东早期文稿（1912·6—1920·11)．长沙：湖南人民出版社，1990：22.

② 同①82－83.

古今中西之学以实现“会通超胜”的开放精神是何等豪迈，何其激越！青年毛泽东不仅在思想观念层面大倡文化包容精神，而且将这种观念落实于实际行动中，通过组织开展新式教育模式对其文化理念身体力行。1917 年，毛泽东在致信湖南第一师范学校教师黎锦熙时写道：“弟久思组织私塾，采古讲学与今学校二者之长，暂只以三年为期，课程则以略通国学大要为准。过此即须出洋求学，乃求西学大要，归仍返于私塾生活，以几其深。怀此理想者，四年于兹矣。”① 翌年春，毛泽东发起成立新民学会，筹备组织有志青年赴法勤工俭学事宜。其间，他多方奔走，筹备资金，并于 1919 年、1920 年两次抵沪，亲送蔡和森、向警予、蔡畅等赴法留学。需要指出的是，中国共产党人早期的这种文明包容心态在其后领导中国人民开展轰轰烈烈的革命、建设实践时得到愈发明确的肯认。1940 年春，毛泽东值《中国文化》创刊之际，在陕甘宁边区文化协会第一次代表大会上发表《新民主主义的政治与新民主主义的文化》，也就是收入《毛泽东选集》第二卷的著名文章——《新民主主义论》。毛泽东在文中强调，发展新民主主义文化，必须在马克思主义指导下有取舍、有鉴别地“大量吸收外国的进步文化，作为自己文化食粮的原料，这种工作过去还做得很不够”②。

---

① 中共中央文献研究室．毛泽东早期文稿（1912・6—1920・11）．长沙：湖南人民出版社，1990：89.

② 毛泽东．毛泽东选集：第 2 卷．2 版．北京：人民出版社，1991：706.

新中国成立初期，中国共产党领导中国人民投身文化建设实践时，积极践行“洋为中用”方针。1956 年，毛泽东在同波兰统一工人党代表团谈话时说：“中国是世界和人类的组成部分，中国人不自私自利。中国是一张白纸，你们可以在这张纸上写字，你们的科学和文化可以驰骋在这张纸上。在中国人生活的这块土地上，各国都有份。”① 这一讲话，凸显的就是“地势坤，君子以厚德载物”的辽阔胸襟。同年 8 月，毛泽东会见中国音乐家协会的部分负责同志，他强调：“音乐可以采取外国的合理原则，也可以用外国乐器，但是总要有民族特色，要有自己的特殊风格，独树一帜。”“西洋的一般音乐原理要和中国的实际相结合，这样就可以产生很丰富的表现形式。”② 这些重要论述为包括声乐在内的新中国文化事业的建设和发展确立了正确指针。1964 年 9 月，在针对中央音乐学院学生来信的批示中，毛泽东明确提出“洋为中用”一词，强调以之为方针发展民族的、科学的、大众的社会主义文化。

改革开放以来，我们党将“洋为中用”的文化方针放在了更为凸显的位置。文化领域的开放并包、采鉴取用，本身就是改革开放事业的重要内容。如邓小平就明确指出：

---

① 朱文显．论建国后毛泽东向外国学习的思想：纪念毛泽东同志诞辰 100 周年．四川师范大学学报（社会科学版），1994（1）：13－21.

② 中共中央文献研究室．毛泽东文艺论集．北京：中央文献出版社，2002：147－148.

“一定要吸收世界先进的东西，洋为中用，特别是自然科学方面。”[①]“中国人是聪明的，再加上不搞关门主义，不搞闭关自守，把世界上最先进的科研成果作为我们的起点，洋为中用，吸收外国好的东西，先学会它们，再在这个基础上创新，那末，我们就是有希望的。”[②] 他科学阐述自力更生与争取外援的辩证关系，不仅主张积极学习西方先进的科技文化，而且主张要勇敢地借鉴管理文化、法律文化等国际上一切先进的东西。在与文化事业紧密相关的教育问题上，邓小平明确主张“教育要面向现代化，面向世界，面向未来”[③]。其中的“面向世界”，就是对故步自封、自我隔离错误观念的反对，对“大胆吸收和借鉴人类社会创造的一切文明成果”[④] 这一开放包容、“洋为中用”文化方针的积极倡导。

新时代以来，以习近平同志为核心的党中央，更加注重开放精神，注重在吸收外来的基础上推动中华文化的创新发展。2014 年 10 月，习近平总书记主持召开文艺工作座谈会并发表重要讲话。在剖析“社会主义文艺的灵魂”——中国精神的培育塑造问题时，习近平总书记深刻指出：“我们强调弘扬社会主义核心价值观，继承和发扬中华民族优秀传统文化，坚持和

---

① 中共中央文献研究室．邓小平思想年谱：1975—1997．北京：中央文献出版社，1998：31.

② 同①44.

③ 邓小平．邓小平文选：第 3 卷．北京：人民出版社，1993：35.

④ 同③373.

弘扬中国精神，并不排斥学习借鉴世界优秀文化成果。我们社会主义文艺要繁荣发展起来，必须认真学习借鉴世界各国人民创造的优秀文艺。只有坚持洋为中用、开拓创新，做到中西合璧、融会贯通，我国文艺才能更好发展繁荣起来。”[①] 习近平总书记这里阐述的“中西合璧”与“融会贯通”，体现了何等的胸怀与气度！同时值得强调的是，习近平总书记在全面对外开放背景下倡导开放、交流、互鉴、共赢的理念，创造性地坚持“洋为中用”，将借鉴世界有益成果与创新、推广中华文化相结合，致力于推动中华文化与世界文化的共同发展。比如，习总书记深刻强调要“对世界形势发展变化，对世界上出现的新事物新情况，对各国出现的新思想新观点新知识，我们要加强宣传报道，以利于积极借鉴人类文明创造的有益成果。要精心做好对外宣传工作，创新对外宣传方式，着力打造融通中外的新概念新范畴新表述，讲好中国故事，传播好中国声音”[②]。习近平总书记在开展元首外交实践中身体力行，常常灵活借用、化用外国语境、外国表达讲好中国故事，分享中国价值，弘扬中国文化，以情感人，促进国际社会对中华文化和中国价值的认同，维系中国与世界各国的友好情谊。2014 年 3 月，习近平总书记出访欧洲，在德国科尔伯基金会发表演讲时，他

① 习近平．在文艺工作座谈会上的讲话．北京：人民出版社，2015：26.

② 习近平．习近平谈治国理政：第 1 卷．2 版．北京：外文出版社，2018：156.

引用“山和山不相遇，人和人要相逢”的德国谚语，来讲述“中国人民同德国人民有着悠久交往历史和深厚友谊”；引用德国思想家莱布尼兹“唯有相互交流我们各自的才能，才能共同点燃我们的智慧之灯”的格言，强调文化交流、文明互鉴的重要意义。同时，习近平总书记在演讲中列举了德国历史上具有世界影响的文学、哲学、艺术巨匠的伟大作品，诸如“歌德、席勒、海涅等人的文学巨著和不朽诗篇”“莱布尼茨、康德、黑格尔、费尔巴哈、马克思、海德格尔、马尔库塞等人的哲学辩论”“巴赫、贝多芬、舒曼、勃拉姆斯等人的优美旋律”等；并强调“包括我本人在内的很多中国读者都从他们的作品中获得愉悦、感受到思想的力量、加深了对世界和人生的认识”①。这些论述，无不生动体现了新时代中国共产党和中国人民开放包容、兼收并蓄的文化自觉与文化自信。

海纳百川的包容气度、“洋为中用”的开放胸襟，有力助推今天的中华文化不断发展与进步。新中国成立之初，我国在社会主义革命、建设实践中就注重从苏联以及其他国家吸取发展经验，在物质文明、制度文明、精神文明等各个方面大胆借鉴人类文明的先进成果。在政府的鼓励下，文化交流团体出访各国，引入先进文化经验；西方芭蕾、交响乐、歌剧等艺术形

① 习近平在德国科尔伯基金会的演讲．人民日报，2014-03-30.

式为中国艺术家广泛学习、使用，并在此基础上创作出歌剧《白毛女》、话剧《龙须沟》、小提琴协奏曲《梁山伯与祝英台》等一系列经典之作。以家喻户晓的《梁祝》曲目为例，1959年上海音乐学院何占豪、陈钢两位在读学生以流传千年的民间传说为剧情，基于传统越剧中的音乐元素，大胆运用西方的音乐语言进行演绎，被誉为“中国传统音乐与西方古典音乐完美结合的典范”和“交响乐民族化的创世纪”。曲子一经产生，便广为流传，甚至走出国门，征服世界，被世人称为“东方的《罗密欧与朱丽叶》”。改革开放以来，西方的饮食、服饰、曲艺、声乐、影视、文学、科技、管理、哲学等物质文化、制度文化、精神文化更是纷至沓来，与中华优秀传统文化、社会主义先进文化融合激荡，使得中华文化迸发出蓬勃向上、激越向前的生机与活力。

由当代中华文化发展的基本历程可以看出，中国在开放环境里推动中华文化现代化的进程中，既继承中华文化的开放包容传统，又勇立时代潮头发时代之新声，法古而不拘泥于古；既大胆学习借鉴外来优秀文化，又以马克思主义为指导对其进行符合中国需要的转化和发展，学洋而不盲从于洋。中国始终牢牢抓住“立足当下”“为我所用”的关键点，在博采众长的基础上不断引领中华文化迈出发展新步伐。

三、“一用二批三改四创”

历史和现实充分证明，中华文化之所以传承千年之久仍能不断焕发生命力，原因之一是其具有“海纳百川”的包容精神。新时代中华文化的繁荣兴盛仍须我们以开放的胸襟拥抱全球化，在全面对外开放格局下积极面向世界、融入世界，助益中国与世界文化的交融互鉴、共同发展。习近平总书记曾在中国文联十大、中国作协九大开幕式上向我国广大文艺工作者表达深情期许，他说：“我们要坚持不忘本来、吸收外来、面向未来，在继承中转化，在学习中超越，创作更多体现中华文化精髓、反映中国人审美追求、传播当代中国价值观念、又符合世界进步潮流的优秀作品，让我国文艺以鲜明的中国特色、中国风格、中国气派屹立于世。”① 我们在“吸收外来”的过程中如何避免邯郸学步，避免“亦步亦趋”迷失自我？如何做到习近平总书记所强调的“在学习中超越”，使外来优秀文化这一“他山之石”充分发挥“攻玉”之效，从而真正助益中华文化的创新发展？改革开放初期，邓小平曾就如何吸收外来文化

---

① 习近平．在中国文联十大、中国作协九大开幕式上的讲话．人民日报，2016－12－01.

的问题提出“一用二批三改四创”[①] 的原则方法，以之为指导促进外来优秀文化成果与我国社会主义制度的创造性结合，使中国特色社会主义的文化事业与文化产业焕发出勃勃生机。这一经过实践检验的成功经验至今仍具积极的指导意义。

一是“用”，即要敢于采用、积极运用人类优秀文明成果。“对我国传统文化，对国外的东西，要坚持古为今用、洋为中用，去粗取精、去伪存真，经过科学的扬弃后使之为我所用。”[②] 习近平总书记这里强调的“洋为中用”“为我所用”，明确点出了在繁荣发展中华文化实践中我们面对人类优秀文明成果所应抱持的基本立场、基本态度。在全面对外开放背景下，中国特色社会主义文化强国之“强”，既体现于新时代中华文化较之于当世其他文化系统的比较优势，亦展现于中华文化对当代世界文化发展的重要影响、积极引领。这就注定我们要能够大胆采用一切可资借鉴的人类文明成果。一方面，如果不能融会贯通当世优秀文明成果，我们就难以迸发文化创造的灵感，难以在“会通超胜”中形成中华文化的比较优势。习近平总书记在谈到文明交流与文化创新关系时，将交流互鉴明确为激发人们创新创造活力的“最直接”方法：“激发人们创新创造活力，最直接的方法莫过于走入不同文明，发现别人

① 中共中央文献研究室．邓小平思想年谱：1975—1997．北京：中央文献出版社，1998：49.

② 习近平．习近平谈治国理政：第1卷．2版．北京：外文出版社，2018：156.

的优长，启发自己的思维。”[①] 另一方面，当今世界百年未有之大变局加速演进趋势下有效塑造中华文化的国际形象，阐扬全人类共同价值，推动构建人类命运共同体，为解决全球问题、助益世界发展提供中国智慧中国方案，亦需要我们积极吸收、化用人类优秀文化成果，以有效增强中华文化的吸引力、感染力、影响力。

大胆学习、采鉴人类优秀文明成果不是一时的权宜之计，而是一项长远举措。革命战争时期毛泽东纵论新民主主义文化建设时就从“用”的角度强调了学习外国优秀文化的必要性：“外国的古代文化，例如各资本主义国家启蒙时代的文化，凡属我们今天用得着的东西，都应该吸收。”[②] 社会主义建设时期毛泽东再次强调“资产阶级掌握的文化，有些是旧的、用不到的，但是许多东西用得到”[③]。改革开放初期，有的人对是否要向西方学习这一问题持保守态度，邓小平反复强调在文化领域实行开放政策、积极学习西方优长的必要性。他在多种场合批评这种“闭关自守”“固步自封”的“愚蠢”心态[④]。他铿锵有力地反问：“人类的成果为什么不用?”[⑤] 1983 年 10 月，

① 习近平．深化文明交流互鉴 共建亚洲命运共同体：在亚洲文明对话大会开幕式上的主旨演讲．人民日报，2019-05-16.

② 毛泽东．毛泽东选集：第 2 卷．2 版．北京：人民出版社，1991：707.

③ 中共中央文献研究室．建国以来重要文献选编：第 9 册．北京：中央文献出版社，1994：5.

④ 邓小平．邓小平文选：第 2 卷．2 版．北京：人民出版社，1994：91，132.

⑤ 中共中央文献研究室．邓小平思想年谱：1975—1997（上）．北京：中央文献出版社，2004：177.

邓小平在党的十二届二中全会上发表题为“党在组织战线和思想战线上的迫切任务”的重要讲话，再次重申中外文化应长期交流互动的观点：“经济上实行对外开放的方针，是正确的，要长期坚持。对外文化交流也要长期发展。”① 置身于中国特色社会主义新时代的历史方位，习近平总书记高瞻远瞩，以开阔的文明胸怀积极倡导“亚洲之中国”“世界之中国”的开放包容理念②。他说，“不同文明、制度、道路的多样性及交流互鉴可以为人类社会进步提供强大动力”③，并号召人们“从不同文明中寻求智慧、汲取营养”④。

二是“批”，即要以科学、理性的态度批判审视外来文化。外来文化优劣并存，我们对之要有辨别损益的能力，要有省察批判的意识。少部分国人头脑中至今仍然存在“以洋为尊”的错误看法。比如有的人将西方文化立场、西方价值观念视作衡量是非对错的“标准”，迎合西方文化中贬低中华文化和中国价值的“西方中心主义”错误观点。习近平总书记在全国宣传思想工作会议上强调，对待外来文化要“经过科学的扬弃后使之为我所用”⑤，辩证地看待、批判性地吸收外来文化。正如

---

① 邓小平．邓小平文选：第3卷．北京：人民出版社，1993：43.

② 习近平．深化文明交流互鉴 共建亚洲命运共同体：在亚洲文明对话大会开幕式上的主旨演讲．人民日报，2019－05－16.

③ 习近平．习近平谈治国理政：第3卷．北京：外文出版社，2020：457.

④ 习近平．在联合国教科文组织总部的演讲．人民日报，2014－03－28.

⑤ 习近平．习近平谈治国理政：第1卷．2版．北京：外文出版社，2018：156.

邓小平所说："中国在经济上文化上落后，并不是一切都落后。一些外国在技术上管理上先进，并不是一切都先进。"① 我们要有我们自己引以为豪的物质、精神文化，不可妄自菲薄，崇洋媚外。

如何辩证看待、吸收外来文化呢？习近平总书记强调要立足于本民族文化的主体性："强调民族性并不是要排斥其他国家的学术研究成果，而是要在比较、对照、批判、吸收、升华的基础上，使民族性更加符合当代中国和当今世界的发展要求，越是民族的越是世界的。"亦是说，"在中外文化沟通交流中，我们要保持对自身文化的自信、耐力、定力"②。毛泽东曾以"食物"为例对外来文化批判吸收的过程进行了形象的分析："一切外国的东西，如同我们对于食物一样，必须经过自己的口腔咀嚼和胃肠运动，送进唾液胃液肠液，把它分解为精华和糟粕两部分，然后排泄其糟粕，吸收其精华，才能对我们的身体有益"③。这一生动比喻揭示了中国人民学习外来文化的科学过程，即应当以批判的态度借鉴外来进步的、优秀的文化，抛弃那些错误的、有害的糟粕。毛泽东在讨论如何学习苏联时提出："我们的方针是，一切民族、一切国家的长处都要

① 邓小平．邓小平文选：第2卷．2版．北京：人民出版社，1994：337.

② 习近平同德国汉学家、孔子学院教师代表和学习汉语的学生代表座谈．人民日报，2014-03-30.

③ 毛泽东．毛泽东选集：第2卷．2版．北京：人民出版社，1991：707.

学，政治、经济、科学、技术、文学、艺术的一切真正好的东西都要学。但是，必须有分析有批判地学，不能盲目地学，不能一切照抄，机械搬用。他们的短处、缺点，当然不要学。”①

此外，要对外来思想文化领域中的错误意识形态进行深刻批判。当前国际形势下，不少西方政客、学者向我国恶意渗透分裂主义意识形态，歪曲解读中华文化。在西方分裂势力的蛊惑下，有的人甚至主张中国全盘吸收西方的制度文化，崇尚西式自由、民主，倡导西方的多党制和宪政民主，由此贬低、轻视中国自己的制度文化，破坏中国历史、中国人民历经千辛万苦找到的科学正确的中国特色社会主义发展道路。邓小平曾谈道，“决不能丝毫放松和忽视对资产阶级思想和小资产阶级思想的批判”②。习近平总书记进一步指出，“一个政权的瓦解往往是从思想领域开始的”③。因此习近平总书记在中外文化激荡的背景下，反复强调“增强文化自觉和文化自信，是坚定道路自信、理论自信、制度自信的题中应有之义”，雄辩地指出“‘以洋为尊’、‘以洋为美’、‘唯洋是从’，把作品在国外获奖作为最高追求，跟在别人后面亦步亦趋、东施效颦，热衷于‘去思想化’、‘去价值化’、‘去历史化’、‘去中国化’、‘去主

---

① 毛泽东．毛泽东文集：第7卷．北京：人民出版社，1999：41.

② 中共中央文献研究室．邓小平思想年谱：1975—1997. 北京：中央文献出版社，1998：163.

③ 中共中央文献研究室．十八大以来重要文献选编：上．北京：中央文献出版社，2014：465.

流化’那一套，绝对是没有前途的!”[①] 总之，对外来文化中的错误意识形态要采取坚决批判的态度，要深刻认识到意识形态工作关系着党的执政根基，关系着国家长治久安，关系着民族的凝聚团结，要在中外文化交流交融交锋中坚决捍卫我国意识形态安全。

三是“改”，即要使外来文化实现“本土化”“中国化”的转变，对经过批判筛选出来的外来优秀成果进行符合中国实际需要的改造。任何外来文化，只有与中国的历史文化传统、与中国社会的现实实践相融合，才能发挥作用、绽放光彩。文艺“只有同国家和民族紧紧维系、休戚与共，才能发出振聋发聩的声音”，相反，“离开火热的社会实践，在恢宏的时代主旋律之外茕茕孑立、喃喃自语，只能被时代淘汰”[②]。

习近平总书记这一深刻论述有力指明了文化与社会、实践、时代的紧密关系，当代中华文化的发展应遵循如此规律，外来文化的优秀成果在中国土壤生根发芽、欣欣向荣更需如此。没有立足中国大地改造转化外来文化的自觉意识，生吞活剥而不求甚解、照本宣科而亦步亦趋等教条做法，无益于文化的发展与社会的进步。毛泽东阐述如何学习外来优秀文明成果时早已强调“改”的问题，他深刻总结近代中国文化领域“西

① 习近平．在文艺工作座谈会上的讲话．人民日报，2015－10－15.
② 习近平．习近平谈治国理政：第2卷．北京：外文出版社，2017：350.

学东渐”的经验教训，客观指出“形式主义地吸收外国的东西，在中国过去是吃过大亏的”①，因此强调文化“应该越搞越中国化，而不是越搞越洋化”②。“改”与“批”相辅相成。比如在批判借鉴西方制度文化方面，邓小平首先明确提出：“我们讲民主，不能搬用资产阶级的民主，不能搞三权鼎立那一套。我经常批评美国当权者，说他们实际上有三个政府。当然，美国资产阶级对外用这一手来对付其他国家，但对内自己也打架，造成了麻烦。”③ 在“批”的基础上，邓小平又结合中国国情改造、活用资本主义制度文化，创造性地提出“一国两制”的方针，成功解决香港、澳门等历史遗留问题。党的十八大以来，习近平总书记更是强调我国文化工作者要在兼容并蓄中充分发挥主体性，对外来文化大胆改造，真正实现“为我所用”。他说：“很多艺术形式是国外兴起的，如说唱表演、街舞等，但只要人民群众喜欢，我们就要用，并赋予其健康向上的内容。”④ 习近平总书记这里指出的“赋予其健康向上的内容”，既是强调立足我国文化发展要求对西方文艺做大胆改造。

四是“创”，即要在学习采鉴人类文明优长基础上推动中华文化实现创新性发展。这是我们之所以倡导以开放的胸襟吸

① 毛泽东．毛泽东选集：第2卷．2版．北京：人民出版社，1991：707.
② 毛泽东．毛泽东文集：第7卷．北京：人民出版社，1999：82.
③ 邓小平．邓小平文选：第3卷．北京：人民出版社，1993：195.
④ 习近平．在文艺工作座谈会上的讲话．人民日报，2015－10－15.

纳人类优秀文明成果的根本目的。1956 年 8 月，毛泽东会见中国音乐家协会的负责同志，明确提到学习采鉴的目的是“创造中国独特的新东西”。他在讲话中一方面积极鼓励人们大胆学习西方文艺形式：“外国的许多东西都要去学，而且要学好，大家也可以见见世面”；另一方面又语重心长地指出，“但是在中国艺术中硬搬西洋的东西，中国人就不欢迎”，“艺术上‘全盘西化’被接受的可能性很小”。毛泽东精准洞见到了其中的道理：“艺术离不了人民的习惯、感情以至语言，离不了民族的历史发展。”因此强调学习借鉴的同时要结合民族文化特色的创新创造，即“以中国艺术为基础，吸收一些外国的东西进行自己的创造为好”。因此，毛泽东从文化自信与文化自强的角度反复强调“创”的重要意义：“外国有用的东西，都要学到，用来改进和发扬中国的东西”“应该学习外国的长处，来整理中国的，创造出中国自己的、有独特的民族风格的东西。这样道理才能讲通，也才不会丧失民族信心。”① 20 世纪八九十年代，邓小平领导中国共产党人和中国人民擘画改革开放事业大局时，明确强调我们要把学习人类文明优秀成果作为我们创造性地发展完善我国社会主义文化和制度的必要条件。1988 年 10 月，邓小平视察北京正负电子对撞机工程时，一方面指

① 中共中央文献研究室．建国以来重要文献选编：第 9 册．北京：中央文献出版社，1994：1-9.

出我们在发展高新技术时要以开放的胸怀积极学习国际先进经验，“使我们少走弯路”；另一方面强调我们不能“照搬”别人，而是要“有自己的创造”①。1992年初，邓小平视察武昌、深圳、珠海、上海等地并发表著名的南方谈话。南方谈话的背景，是当时国内部分人因为“怕资本主义的东西多了，走了资本主义道路”而在改革开放实践中“迈不开步子，不敢闯”。对此，邓小平鼓励人们“胆子要大一些”，在改革开放实践中“要有创造性”。他说：“社会主义要赢得与资本主义相比较的优势，就必须大胆吸收和借鉴人类社会创造的一切文明成果，吸收和借鉴当今世界各国包括资本主义发达国家的一切反映现代社会化生产规律的先进经营方式、管理方法。”②

当今世界是互联互通的世界，中国发展与世界进步密不可分。推动新时代中华文化的繁荣兴盛，必须以马克思主义科学理论为指导，立足当代中国特色社会主义实践，广泛汲取古今中西一切文明资源，在融会贯通基础上创造中华文化新境界。习近平总书记在文艺工作座谈会上深刻指出：“我们社会主义文艺要繁荣发展起来，必须认真学习借鉴世界各国人民创造的优秀文艺。只有坚持洋为中用、开拓创新，做到中西合璧、融会贯通，我国文艺才能更好发展繁荣起来。”③ 习近平总书记

① 邓小平．邓小平文选：第3卷．北京：人民出版社，1993：280.

② 同①373.

③ 习近平．在文艺工作座谈会上的讲话．人民日报，2015-10-15.

在此强调的“洋为中用”“开拓创新”“中西合璧”“融会贯通”，展现了中华文化海纳百川的文化胸襟，揭示了助推中华文化延绵发展的重要因素，明确了新时代中华文化迈向新辉煌的重要遵循。

第六章

和合天下的文明方案

中国“和”文化由来已久，贯通古今。古有“国虽大，好战必亡”“以和为贵”“天下太平”“天下大同”之论，今有“各美其美，美人之美，美美与共，天下大同”之说，求同存异、和而不同、和谐相处的理念早已扎根中华大地。中国始终坚持和平发展、互利共赢，倡导共赢而非零和，不断深化改革、扩大开放，在致力于自身发展的同时，也为世界提供新一轮合作机遇和发展空间。“今日之中国，不仅是中国之中国，而且是亚洲之中国、世界之中国。未来之中国，必将以更加开放的姿态拥抱世界、以更有活力的文明成就贡献世界。”[①] 在

① 习近平．深化文明交流互鉴 共建亚洲命运共同体：在亚洲文明对话大会开幕式上的主旨演讲．人民日报，2019－05－16.

经济全球化、世界多极化发展大势下，中国将与世界各国增进理解和信任，在合作中扩大共同利益，在发展中破解难题，在积极推动构建人类命运共同体实践中彰显中华文化独特魅力，促进人类文明共同进步。

一、中华文化的和平声音

“和平犹如空气和阳光，受益而不觉，失之则难存。没有和平，发展就是无源之水、无本之木。”① 和平为发展提供了基本的环境保障，关系着世界人民的幸福。诞生于战火纷飞中的中国共产党人领导中国人民在革命、建设、改革实践中，统筹国际国内发展大势、融合历史文化传统与时代发展需求，历来崇尚和平，珍视和平，殚精竭虑为世界和平呐喊，矢志不渝为人类和平而奋斗，既通过维护世界和平发展自己，又通过自身发展守卫世界和平。党领导下的中国人民坚持走和平发展道路，是中国对国际社会关注中国发展走向的回应，更是中国人民对实现自身与世界发展目标的自觉和自信。这种自觉自信，来源于中华文明崇尚和平的深厚渊源，来源于中国人民对实现

① 习近平．深化改革开放 共创美好亚太：在亚太经合组织工商领导人峰会上的演讲．人民日报，2013-10-08.

中国发展目标、条件的深刻认知以及对人类世界发展大势的深度把脉。

中华民族自古以来就爱好和平。早在 2 000 多年前的西汉时期，中国就已联通世界，传播和平。张骞出西域，打通了我国新疆一带联通中西亚、欧洲的交通要道，开辟了丝绸之路，拉开了中西文明互通有无、和睦交往的大幕。玄奘法师西去印度求经，推动中印文化交流，谱写了中印和睦相处的篇章。郑和 7 次下西洋，未占他国一寸土地，留下的是中外文明敦睦友好的佳话。如两汉时期，中国商人沿丝绸之路前往西亚、欧洲从事商业贸易，温文儒雅的中国商人给当时西方世界的人们留下了深刻印象。公元 50 年，也就是东汉时期，罗马作家梅拉在其著作中盛赞“赛里斯（中国）人……其人诚实，世界无比”。同时期另一位罗马学者普林尼说：“赛里斯人举止温厚，然少与人接触，贸易皆待他人之来，而绝不求售也。”古代西方人通过诚实淳朴、热情好客的中国商人，将中国和中国文化描绘为一种尊德守礼、和平友善的形象。公元 3 世纪的索林在其《多国史》一书中强调：“赛里斯人高度文明开化，互相之间非常亲睦和气。”这一印象在西方人心中持续了数百年之久。公元 5 世纪的西亚史家摩西在《史记》中写到中国时不吝赞美之词：“中国是世界最东的国家，人民富裕，文化灿烂，民性温和。不但可称为和平之友，还可称为生命之友。”可以说，中外人民和平相处、友好往来的历史彰显着中华民族源远流长的和合文化，体现了中华民族协和万邦的文明胸襟。

历史的苦难让中国人民倍加珍视和平。自1840年鸦片战争始，外国列强持续发动的百年侵略战争给中国人民带来了深重的苦难。从那时起，中华民族的优秀儿女为反抗压迫、实现和平而进行着前仆后继的英勇抗争。需要强调的是，即使在国家和民族的前途命运危在旦夕之间的近代时期，中国人民舍生忘死所求取的和平，也不是自己一国、一族的和平，而是世界人民的共同和平。正如毛泽东在《论持久战》中所强调的，中国人民的反法西斯主义和反帝国主义战争，“不但求一国的和平，而且求世界的和平，不但求一时的和平，而且求永久的和平”[①]。1935年10月，中央红军历经千难万险结束长征的考验，将抵陕北。毛泽东登顶岷山，遥望雪域昆仑，有感而作《念奴娇·昆仑》名篇：“而今我谓昆仑：不要这高，不要这多雪。安得倚天抽宝剑，把汝裁为三截？一截遗欧，一截赠美，一截还东国。太平世界，环球同此凉热！”大气磅礴的词句，淋漓展现了中国共产党人为人类谋和平、为世界谋大同情怀与担当。在中国共产党带领下，中国人民经过长期浴血奋战，付出巨大牺牲，最终取得反抗内外压迫战争的胜利，赢得了民族独立和人民解放，有力推动了第三世界国家和人民反抗强权的

---

① 中共中央文献研究室．毛泽东外交文选．北京：中央文献出版社，1994：11.

和平与正义斗争。新中国成立后，我国始终坚持走和平发展道路，为建设持久和平、共同繁荣的和谐世界而不懈努力。从1953年周恩来在接见印度代表团时提出的和平共处五项原则，到1955年万隆会议中国代表主推的求同存异方针及以和平共处为主要内容的万隆精神等，无不表明了中国同广大发展中国家一道共谋和平、共护和平、共享和平的决心与意志。

中国的发展需要和平的国内外环境。首先，新中国成立以来，尤其是改革开放以来，中国取得的骄人发展成就离不开国际国内的和平环境与稳定大局的支撑。在一定意义上可以说，改革开放40多年间，我国之所以能够取得翻天覆地的巨大变化，其中一个重要原因，就是我们深刻洞察到了当今世界以和平与发展为主要内容的时代主题，充分把握住了难得的发展战略机遇期。改革开放初期，邓小平就反复强调国内外和平环境对中国发展的重要意义："中国最不希望发生战争。中国太穷，要发展自己，只有在和平的环境里才有可能。"① 因此邓小平指出："中国对外政策的目标是争取世界和平。在争取和平的前提下，一心一意搞现代化建设，发展自己的国家，建设具有中国特色的社会主义。"② 可以说，离开和平稳定的国际国内

① 邓小平．邓小平文选：第3卷．北京：人民出版社，1993：82.
② 同①57.

环境，中国人民的发展成就就是难以想象的。其次，中国的未来发展仍然需要和平环境。当前，虽然中国的经济总量已经跃升到世界第二位，但我国人均国内生产总值的国际排名仍相对靠后；虽然经过长期努力，意气风发的中国人民在中国共产党的领导下战胜种种困难和挑战，夺取决胜全面建成小康社会、决战脱贫攻坚的全面胜利，书写了人类反贫困历史上的伟大传奇，实现了中华民族和中华文化历来憧憬的小康梦想，但是我国仍然是世界最大的发展中国家，我国仍处于并将长期处于社会主义初级阶段的基本国情没有变。在两个百年目标的历史交汇期开启全面建设社会主义现代化国家新征程，我们仍然需要坚定不移扩大改革开放，需要和谐稳定的国内环境与和平安宁的国际环境。为给我国创造和平的发展环境，为实现世界人民对和平的共同期盼，中国始终致力于维护世界和平的神圣事业，积极贡献中国声音、中国智慧、中国方案。

第一，中国坚定支持联合国在国际事务中发挥核心作用，致力营造和平公正的国际环境。当今时代，经济全球化深入发展，文化多样化、社会信息化持续推进，科技革命孕育新突破，新兴市场国家和发展中国家整体实力增强，世界多极化的趋势凸显，广大发展中国家话语权随着其国际地位的提升逐步增大，国际力量对比渐趋平衡。这一趋势一方面有利于国际关系向民主化方向发展，为世界和平创造宝贵条件；另一方面也诱发了传统强国维护自身霸权的冲动，为世界和平带来不利影响。2020年9月，习近平总书记在联合国成立75周年纪念峰会上发表讲话，强调联合国在维持国际秩序上的重要作用并提出了维护联合国地位作用的原则和建议："大小国家相互尊重、一律平等是时代进步的要求，也是联合国宪章首要原则。……单边主义没有出路，要坚持共商共建共享，由各国共同维护普遍安全，共同分享发展成果，共同掌握世界命运。要切实提高发展中国家在联合国的代表性和发言权，使联合国更加平衡地反映大多数国家利益和意愿。"① 在第七十五届联合国大会一般性辩论上的讲话中，习近平总书记进一步阐释了中国关于国际秩序和全球治理的主张："我们要坚持走多边主义道路，维护以联合国为核心的国际体系。全球治理应该秉持共商共建共享原则，推动各国权利平等、机会平等、规则平等，使全球治理体系符合变化了的世界政治经济，满足应对全球性挑战的现实需要，顺应和平发展合作共赢的历史趋势。"② 中国坚定支持《联合国宪章》原则，为在国际力量对比中占相对弱势的发展中国家争取更多制度性权力和话语权，维护世界公平秩序，推动各国平等协商，是维护世界和平的重要力量。

第二，中国倡导共同、综合、合作、可持续的新安全观，

① 习近平．在联合国成立75周年纪念峰会上的讲话．人民日报，2020-09-22.

② 习近平．在第七十五届联合国大会一般性辩论上的讲话．人民日报，2020-09-23.

以实际行动努力化解全球“和平赤字”。在新的历史条件下，以经济安全、生态环境安全、信息安全、恐怖主义、疾病蔓延、跨国犯罪等为代表的非传统安全威胁不断上升。对此，中国积极推动各国在平等对话基础上共同应对世界安全问题，并以新安全观统筹应对传统和非传统安全威胁，为建设和平世界献策献力，如坚持理性、协调、并进的核安全观，共同构建和平、安全、开放、合作的网络空间，共建“健康丝绸之路”，构建人类卫生健康共同体，积极参与联合国维和行动，等等。近年来，中国军队参加联合国维和行动多达 26 项，派出维和军事人员达 4 万多人次，申亮亮、李磊、杨树朋等 10 多名军人为维和事业献出生命。此外，我国还积极推动解决朝鲜半岛核问题、伊朗核问题及阿富汗、叙利亚等地区热点问题，推动《上海合作组织反极端主义公约》生效，呼吁联合国以落实《2030 年可持续发展议程》为契机，把应对公共卫生等非传统安全挑战作为联合国工作优先方向，等等。中国为维护世界的持久和平不懈努力。

第三，中国倡议以文明交流播种和平理念。联合国教科文组织总部大楼前的石碑上刻着这样一句话：“战争起源于人之思想，故务需于人之思想中筑起保卫和平之屏障。”人们相互间的矛盾纠纷有其历史根源。不同民族在生存、发展过程中形成了各自的文明，而文明之间的差异、分歧，在一定程度上造成民族隔阂、误解，甚至歧视和敌对，在特定矛盾激化下还可能引发暴力冲突。那么，不同文明之间，是注定彼此冲突的还是可以和平相处的？不同于亨廷顿等西方学者、精英所鼓吹的"文明冲突论"，中国强调文明的多彩性、平等性和包容性，主张"通过跨国界、跨时空、跨文明的教育、科技、文化活动，让和平理念的种子在世界人民心中生根发芽"[①]。中国引导世界各国进行文明交流互鉴的倡议、举措，意在引导世人以求同存异丰富文化内容，以文明融合柔化民族分歧，从而实现人类共同盼望的和平理想。中国以文明交流推动文明和谐的方案充分体现于2019年5月召开的亚洲文明对话大会议程之中。此次大会达成了《亚洲文明对话大会2019北京共识》，呼吁人们"开展更广泛、更深入的文明对话，进一步拓展多样化的交流机制和多层次的对话平台；……充分激活文明进步的源头活水；……为亚洲和世界的和平发展注入智慧和力量，共同创造亚洲文明和世界文明的美好未来"[②]。中国此举获得了各国嘉宾的高度认同，英国东亚委员会秘书长麦启安认为中国"通过文明交流互鉴实现可持续发展和世界和平，为人类带来了新的希望"。可以说，中国逐渐推广和落实各国文明平等交流的方案、行动，让和平观念四处传播，广流于世。

---

① 习近平．出席第三届核安全峰会并访问欧洲四国和联合国教科文组织总部、欧盟总部时的演讲．北京：人民出版社，2014：9.

② 亚洲文明对话大会2019北京共识．http：//www.xinhuanet.com/2019-05/24/c_1124539189.htm.

二、中华文化的发展主张

和平与发展是当今时代的一大主题。“发展才是硬道理。当今时代的许多问题，追根溯源都是发展不平衡不充分造成的。”[1] 世界各国人民都期盼发展、繁荣，期待远离饥饿、贫困。但由于社会、历史、环境等因素，广大发展中国家经济、技术和人民生活水平仍处于较低阶段，发展乏力问题、发展不平衡问题仍不容忽视。中国以开放的大国胸怀，坚持和平发展、共同发展，与世界各国结为互利伙伴，造福世界人民，谋求开放创新、包容互惠的发展前景，是推动全球发展的积极贡献者。

中国的发展为世界带来机遇。随着中国新型工业化、信息化、城镇化、农业现代化进程加快，经济结构调整，产业优化升级，中国的供需逐步实现更高层次更高水平的动态均衡，加之14亿多人口的市场优势，新的经济增长点将不断涌现。根据商务部、国家统计局和国家外汇管理局联合发布的《2019年度中国对外直接投资统计公报》，2019年中国对外直接投资1 369.1亿美元，流量规模仅次于日本（2 266.5亿美元），排

① 习近平．携手努力共谱合作新篇章：在金砖国家领导人巴西利亚会晤公开会议上的讲话．人民日报，2019-11-15.

名全球第二；对外直接投资存量达 2.2 万亿美元，次于美国（7.7 万亿美元）和荷兰（2.6 万亿美元），保持全球第三；对外投资国家和地区不断扩大，覆盖全球 188 个国家和地区，对“一带一路”沿线国家投资稳步增长，2019 年实现直接投资 186.9 亿美元，同比增长 4.5%；对外直接投资涵盖国民经济的 18 个行业大类，超七成投资流向租赁和商务服务、制造、金融、批发和零售业四大行业。由此可见，发展起来的中国不断推进对外开放的基本国策，助推国际经贸体系发展，在更广阔的市场、更多元的供给、更丰富的产品、更宝贵的合作契机下与世界各国共同发展、繁荣与进步。

中国的发展为世界带来启示。改革开放以来，中国成功开辟了与西方发达国家的现代化道路不同的中国现代化之路——中国特色社会主义道路。中国道路的鲜明“特色”体现在这一现代化之路的领导力量——中国共产党始终坚持以马克思主义为指导，立足中国历史和中国实践不断作出重大创新，具有独特的理论优势、制度优势、精神优势。习近平总书记指出：“中国特色社会主义制度是当代中国发展进步的根本制度保障，是具有鲜明中国特色、明显制度优势、强大自我完善能力的先进制度。”① 党的十八大以来，在以习近平同志为核心的党中

① 习近平．在庆祝中国共产党成立 95 周年大会上的讲话．人民日报，2016-07-02.

央领导下，中国面对世界经济复苏乏力、局部冲突和动荡频发、全球性问题加剧和中国经济发展进入新常态等一系列国内外形势变化，坚持稳中求进工作总基调，迎难而上，开拓进取，取得了改革开放和社会主义现代化建设的历史性成就，推动中国特色社会主义进入新时代。党的十九大报告强调，中国特色社会主义进入新时代，“意味着中国特色社会主义道路、理论、制度、文化不断发展，拓展了发展中国家走向现代化的途径，给世界上那些既希望加快发展又希望保持自身独立性的国家和民族提供了全新选择，为解决人类问题贡献了中国智慧和中国方案”[①]。目前中国经济已由高速增长阶段转向高质量发展阶段，2020 年中国经济总量突破 100 万亿元大关。初步核算，2020 年中国国内生产总值 1 015 986 亿元，经济总量预计占世界经济的比重达到 17%，人均 GDP 连续第二年超过 1 万美元，进入中等偏上收入国家行列，与高收入国家差距不断缩小。中国特色社会主义发展之路取得的辉煌成就，为那些孜孜探求真正适合自身特点的现代化发展道路的国家和民族提供了深刻启示。

基于经济全球化潮流不可逆转的深刻判断，以及中国经济实现高质量发展的现实需要，新时代的中国人民在中国共产党

① 习近平．决胜全面建成小康社会 夺取新时代中国特色社会主义伟大胜利：在中国共产党第十九次全国代表大会上的报告．人民日报，2017－10－28.

的领导下积极探索与世界各国的共同发展之路。“天空足够大，地球足够大，世界也足够大，容得下各国共同发展繁荣。”[①]“欢迎各国搭乘中国发展‘顺风车’，一起来实现共同发展。”[②]习近平总书记在无数国际重大场合表达的深情主张、发出的诚挚邀请，深刻体现着中国人民愿与世界各国人民共谋发展、共求进步的真诚期待。

中国以开放型经济助力世界实现共同发展。开放型经济强调国内和国际的互联互通，从而实现最优的资源配置效率和经济运行成效。中国打开国门搞建设，加快形成以国内大循环为主体、国内国际双循环相互促进的新发展格局，更好地联通国内国际两个市场，使市场、资源得以充分利用，满足中国和世界的发展需求，努力引导经济全球化走向。在开放型经济体制导向下，中国在国际中一直扮演着经济全球化进程推动者、全球发展事业引领者的关键角色。面对经济全球化发展困境，中国召开二十国集团杭州峰会，倡导创新增长和结构性改革，参与达沃斯论坛，引领全球化发展的正确方向。面对“后疫情时代”的经济复苏困境，中国以坚定的开放精神积极应对风险冲击，在危机中育新机，于变局中开新局，全面提高对外开放水

① 习近平．弘扬和平共处五项原则建设合作共赢美好世界：在和平共处五项原则发表 60 周年纪念大会上的讲话．人民日报，2014－06－29.

② 习近平．携手构建合作共赢新伙伴 同心打造人类命运共同体：在第七十届联合国大会一般性辩论时的讲话．人民日报，2015－09－29.

平，推动形成新发展格局，为世界各国提供广阔市场和发展机会，赢得了国际赞誉。世界银行前景预测局局长阿伊汉·高斯指出，中国经济复苏对世界经济恢复有正向溢出效应，政策与技术的持续开放和改革创新将在后疫情时代推动世界经济实现长期增长①。“面对经济全球化大势，像鸵鸟一样把头埋在沙里假装视而不见，或像堂吉诃德一样挥舞长矛加以抵制，都违背了历史规律。”② 中国人民哪怕是在最困难、最危险的时刻，也仍然以自己的实际行动告诉世人，中国开放的大门不会关闭，中国助推全球发展的脚步不会停歇。

中国以新发展理念引导各国共同发展。“大家一起发展才是真发展，可持续发展才是好发展。”③ “各国要树立创新、协调、绿色、开放、共享的新发展理念，抓住新一轮科技革命和产业变革的历史性机遇，推动疫情后世界经济‘绿色复苏’，汇聚起可持续发展的强大合力”④。习近平总书记在联合国大会一般性辩论上的两次重要讲话虽然时隔5年，但其根本精神一脉相延。创新、协调、绿色、开放、共享的发展理念，既是

---

① 国纪平．不畏浮云遮望眼：写在2020年中国国际服务贸易交易会开幕之际．人民日报，2020-09-03.

② 习近平在第七十五届联合国大会一般性辩论上发表重要讲话．人民日报，2020-09-23.

③ 习近平．携手构建合作共赢新伙伴 同心打造人类命运共同体：在第七十届联合国大会一般性辩论时的讲话．人民日报，2015-09-29.

④ 同②.

中国从自身的发展实践中总结出来的宝贵经验，亦是能够助推世界各国实现共同发展的有益主张。一段时期以来，世界经济格局不断变动，中国国内经济运行亦面临新问题新挑战。根据我国经济发展的内在支撑条件和外部需求环境，党领导人民作出了转变经济发展方式的重大战略判断，从高速增长转向高质量发展，以创新、协调、绿色、开放、共享的新发展理念解决发展不充分、不平衡的问题，推动经济结构优化，实施创新驱动发展战略，在此基础上取得的发展成就有目共睹。土耳其土中商业促进友好协会主席阿德南·阿克佛拉特评价："中国经济实力大幅提升，经济总量持续增长，其中创新技术和数字经济是'十三五'期间中国经济社会发展的亮点。"此外，从2012年底到2019年底，中国的贫困人口由9 899万人减至551万人，已基本消除区域性整体贫困，贫困发生率由10.2%降至0.6%。在2020年这极不平凡的一年里，中国共产党团结带领中国人民经过艰苦卓绝的奋斗和拼搏，最终夺取决战脱贫攻坚决定性胜利，在中国这一有着14亿多人口的大国里，历史性地消灭了绝对贫困。因此，中国以自身发展实践证明了新发展理念的可行性和正确性，并乐于与世界共享。中国外交部和国务院扶贫开发领导小组办公室编制的《消除绝对贫困：中国的实践》报告从创新、协调、绿色、开放、共享五个角度阐述中国在脱贫实践中的创新案例，并在减贫与南南合作高级别视频会议上发布；习近平总书记在第二届"一带一路"国际合作高峰论坛、同欧盟各领导人会晤，以及联合国生物多样性峰会等国际场合中也都多次提及新发展理念。新发展理念彰显了中国诚意，凝聚了中国智慧，是中国为世界经济实现高质量发展提出的中国方案。

中国的发展离不开世界，世界的繁荣也需要中国。面向未来，中国将始终坚定不移构建开放型经济发展模式，贯彻新发展理念，努力与世界各国人民同舟共济、共同发展，一同打造共同繁荣、共同进步的人类命运共同体。

三、中华文化的合作倡议

“合则强，孤则弱。”① 在日渐复杂的国际形势下，团结合作是世界各国应对共同问题的必然选择。中国希望与各国平等互信、友好交流、务实合作，并呼吁各国顺应时代潮流，同舟共济，建设团结合作的国际大家庭，推动构建人类命运共同体，共同创造更加繁荣美好的世界。

在互联互通的地球村里，合作是大势所趋。经济全球化、世界多极化大潮使各个国家和民族休戚与共、命运相连，成为一个不可割裂的整体。在 2020 年流行全球的新冠肺炎疫情催

① 《管子·霸言》

化下，国际经济、科技、文化、安全、政治等格局不断调整。面对全球性的公共危机，没有哪个国家能够独善其身。美国对外关系委员会主席理查德·哈斯就指出，疫情提醒人们，全球化是一个现实，而不是一个选择①。“世界问题多得很、大得很，全球性挑战日益上升，应该也只能通过对话合作解决。”②面对人类发展的共同难题，中国坚持开放、融通、互利、共赢的合作观，努力推动全球和地区合作机制的建立健全，为世界各国提供交流合作的平台、机遇。

中国在合作中始终本着平等和相互尊重的基本原则。平等是达成合作的前提，而彼此协作的国家间的相互平等，首先体现为主权上的平等。瑞士国际法学家瓦特尔早在《万国法》中就将个人和国家对比，阐明主权平等的重要性：“由于人是自然平等的，他们的天赋的权利和义务是一样的，国家作为人的集合体是自然地平等的，赋有同样的义务和权利，国之强弱在这方面没有关系。一个侏儒和一个巨人同样是人。一个小小的共和国和一个强大的王国同样是主权国家。由于平等的必要的结果，凡一个国家被允许做的事，一切其他国家也被允许做；而凡一个国家不被允许做的事，其他国家也不被允许做。”近

① 当用正确钥匙解答国际秩序问题（和音）：抗击疫情离不开命运共同体意识（36）. 人民日报，2020-05-11.

② 习近平. 在联合国成立75周年纪念峰会上的讲话. 人民日报，2020-09-22.

代中国在西方列强侵略下丧失主权，被迫签订了许多所谓的“平等条约”，在政治上饱受干涉和欺凌，在经济上被垄断和殖民，中国人民和中华民族在这种不平等的交往中付出了沉重代价。因此在主权不对等的情况下，所谓的合作只是单方面的侵略。1953 年，周恩来接见印度代表团时提出的和平共处五项原则，将互相尊重主权和领土完整原则置于首要位置。中国人民在个体交往中历来注重以“礼”相待，在国际合作、交流中也始终注重相互尊重，如尊重各国的道路选择、尊重彼此的核心利益和重大关切、尊重各国文明的多样性。“‘履不必同，期于适足；治不必同，期于利民。’一个国家发展道路合不合适，只有这个国家的人民才最有发言权。正像我们不能要求所有花朵都变成紫罗兰这一种花，我们也不能要求有着不同文化传统、历史遭遇、现实国情的国家都采用同一种发展模式。”①“尊重彼此核心利益和重大关切，客观理性看待别国发展壮大和政策理念，努力求同存异、聚同化异。”② “人类只有肤色语言之别，文明只有姹紫嫣红之别，但绝无高低优劣之分。”③习近平总书记在重要外交场合阐释的相互尊重的文明理念，为

① 习近平．弘扬丝路精神 深化中阿合作：在中阿合作论坛第六届部长级会议开幕式上的讲话．人民日报，2014－06－06.

② 习近平．迈向命运共同体 开创亚洲新未来：在博鳌亚洲论坛 2015 年年会上的主旨演讲．人民日报，2015－03－29.

③ 习近平．深化文明交流互鉴 共建亚洲命运共同体：在亚洲文明对话大会开幕式上的主旨演讲．人民日报，2019－05－16.

各国开展友好合作奠定了基础，指明了方向。

中国坚持开放、融通、互利、共赢，始终是国际合作的倡导者、行动者。为保证和协调国际合作，中国毫不动摇地维护《联合国宪章》宗旨和原则，支持联合国事业，维护联合国权威和地位，助推联合国在国际合作中发挥更大作用。“促进国际合作是联合国成立的初衷，也是联合国宪章重要宗旨。靠冷战思维，以意识形态划线，搞零和游戏，既解决不了本国问题，更应对不了人类面临的共同挑战。我们要做的是，以对话代替冲突，以协商代替胁迫，以共赢代替零和，把本国利益同各国共同利益结合起来，努力扩大各国共同利益汇合点，建设和谐合作的国际大家庭。”① 习近平总书记在联合国成立 75 周年纪念峰会上的重要讲话表明了中国对联合国在国际合作中所具作用的高度认同。

中国坚持将合作理念落实于国际政治、经济、文化交流实践中，积极创新合作方式，务实推进国际合作。

政治上，推动高层对话，强调战略沟通。中国一直坚守“对话而不对抗，结伴而不结盟”的交往原则，在高层上与各国保持友好联系，坚持正确义利观，永远做发展中国家的可靠朋友和真诚伙伴，在国际和区域层面的全球伙伴遍及中东、非洲、欧洲、

---

① 习近平．在联合国成立 75 周年纪念峰会上的讲话．人民日报，2020－09－22.

拉美。借助首脑外交方式，中国推动新时代下中俄全面战略协作伙伴关系、中哈永久全面战略伙伴关系、中瑞创新战略伙伴关系等一系列双边关系深化发展。此外，中国与各经济体缔结友好条约，并不断拓新二十国集团领导人峰会、亚太经合组织领导人非正式会议、上合峰会、金砖国家领导人会晤、“金砖+”领导人对话会、中非合作论坛、中国-拉共体论坛、中阿合作论坛等各种多边合作形式。中国以实际行动向世界展现相互尊重、公平正义的大国道义和平等协商、合作共赢的大国方案。

经济上，打通贸易壁垒，以开放促进合作。中国扩大市场开放，扩大进口，打造自贸区等开放新高地，深化多边与双边关系，积极开展“一带一路”框架下的国际经贸交流合作。2020年1—7月，中国企业对“一带一路”沿线国家非金融类直接投资102.7亿美元，同比增长28.9%，占同期投资总额的17%，较上年提升4.5个百分点；对“一带一路”沿线国家新签承包工程合同额671.8亿美元，完成营业额404.3亿美元，分别占同期对外承包工程新签合同额和完成营业额的55.2%和57.8%①。除相关投资外，中国还注重在方法上以创新驱动合作动能。面对疫情影响下的全球经济衰退，中国勇于担当，务实行动，以2020年9月全球服务贸易峰会为平台，让各国人民充分展示服务贸易领域新发展新突破，共同享受人

① 我国对一带一路沿线国家投资逾百亿美元．人民日报，2020-08-21.

类社会发展进步新技术新成果。如在本次服贸会上，中国提倡顺应数字化、网络化、智能化发展趋势，共同致力于消除“数字鸿沟”，携手发展服务贸易新业态新模式。习近平总书记在服贸会致辞中提出三点中国倡议：共同营造开放包容的合作环境、共同激活创新引领的合作动能、共同开创互利共赢的合作局面。这一倡议是对新时代中国合作主张的精练概括，向世界阐明了创新技术下的合作趋势和全球发展中的合作契机。可以说，中国正在全球范围内积极参与搭建更加完善的经济合作平台，提供更加丰富的发展机会，充分体现了中国开放合作的决心。

文化上，推动人文交流，聚同化异。关系亲不亲，关键在民心。民间文化的交流、理解可为国家层面的沟通、合作奠定广泛的社会基础。据教育部发布的数据，中国已在 154 个国家和地区建立了 548 所孔子学院和 1 193 个中小学孔子课堂，学员总数达 187 万人，有力推动了中外文化的交流互动。在中非合作论坛北京峰会、中国-拉美和加勒比国家领导人会晤、中国-阿拉伯国家合作论坛部长级会议等重要国际场合，习近平总书记都宣布了我国扎实推动国际人文交流的多项举措；在相关举措推动下，中法、中德等中外高级别人文交流机制逐步建立健全。中国以包容的心态多方位推进中外人文交流，深入开展旅游、科教、地方合作等友好交往，向世界人民讲好中国故事，传播好中国声音，把中国梦同世界各国人民的梦想相对接，让命运共同体意识在世人心中落地生根。

“有朋自远方来，不亦乐乎。”[1] 中国坚持伙伴间的合作共进精神，以开放的眼界、宽广的胸怀携手世界各国，共商治理良策，共建合作平台，共享发展机遇，共创美好未来。

四、中华文化的共赢方案

“共赢”理念是正确应对经济全球化、世界多极化客观实际的发展智慧。世界百年未有之大变局下，全球各个国家、各个民族利益交织、命运与共。少数西方国家固守单边主义，逆全球化大潮而行，为一国之利、一己之私制造对立争端，扰乱国际秩序，破坏和平发展的国际大势。固守冷战思维，热衷零和博弈，必将难以为继。以“和谐”思想取代“冲突”思维，以“共赢”观念替换“零和”逻辑，各国人民同舟共济推动构建人类命运共同体，才是解决世界发展问题的正确态度和可取方案。在复杂多变的国际局势下，中国始终坚持共赢原则，以开放、合作、共赢精神与世界各国、各民族共谋发展大计。

中国奉行互利共赢的开放战略。中华文化历来崇尚“己欲立而立人，己欲达而达人”[2] 这种“成人之美”[3] “兼善天下”[4]

---

① 《论语·学而》

② 《论语·雍也》

③ 《论语·颜渊》

④ 《孟子·尽心上》

的胸怀和理想。中华文化自古没有侵略他国、称霸天下的传统，只有与他国、他族团结合作、互利共赢的基因。随着当代中国经济、政治实力的提升，中国逐步将共赢理念化作具体行动，不断为世界各国提供共同发展的机遇和平台。首先，中国以多边、双边对话合作促进共赢战略的落实。中国提出“一带一路”、孟中印缅经济走廊、中国-东盟命运共同体、中非合作论坛、中拉命运共同体等重大合作倡议，创建全球或区域性共赢平台。据2018年底世界经济论坛发布的报告，“一带一路”倡议被视为一个新的区域和全球主义的共赢战略①。2020年，新冠肺炎疫情全球大流行，以美国为首的少数西方国家大兴保护主义、孤立主义，全球化遭遇强劲逆流。在此背景下，中国以实际行动积极推动构建人类卫生健康共同体，积极签署《区域全面经济伙伴关系协定》(RCEP)，积极推动并促成《中欧全面投资协定》的最终签署。这些重大战略举措无不体现着中国人民和中华文化的共赢理念。其次，中国以共赢平台助力经济复苏。根据世界银行的预计，新冠肺炎疫情造成的冲击将使全球经济大幅下滑，大多数经济体都将面临衰退风险。中国再一次展现大国担当，以2020年9月的国际服务贸易交易会为平台，给世界经济发展提供宝贵的契机。全球数千家企业参与服贸会“云路演”，来自148个国家和地区的国际组织、驻华

---

① 张志文．“这是一个促进经济增长的大好机遇”．人民日报，2019-02-17.

使馆、境外商协会及机构等的代表参展参会，1.7 万余家企业蓄势待发。虽然国际形势动荡不定，经济发展遭遇困境，但中国始终寻找与世界各国的利益交汇点，促进共同繁荣，以释放内需，扩大开放驱动发展。“中国的经济社会建设成就不仅惠及中国人民，还让全世界从中受益。”阿根廷拉丁美洲中国政治经济研究中心执行主任马可为如此积极评价中国为世界各国共同发展所作的重大贡献。

中国推动构建以合作共赢为核心的新型国际关系。20 世纪 40—90 年代的冷战局面诞生了以权力角逐、利益博弈为代表的传统国际关系模式。苏联解体以后，国际政治关系呈现多极化发展趋势，与之同时，伴随着经济全球化持续推进、文化多样化迅速发展、社会信息化突飞猛进，世界不同主体间的联系趋向复杂化，传统的单边主义关系模式及其治理方式已然无法适应、满足日趋多元化的需求和现实，难以破解人类共同面对的生存问题和发展困境。以双边、多边网状体系为主的全球关系及治理体系新模式应运而生。长期以来，中国坚定维护以联合国为核心的国际体系和以国际法为基础的国际秩序，推动全球治理体系改革和建设，与各国友好协商、互利共赢，推动建设相互尊重、公平正义、合作共赢的新型国际关系。在新型大国关系构建中，中国曾向美国提出“不冲突不对抗、相互尊重、合作共赢”的倡导，与俄罗斯在经贸、能源、人文、科技等各领域开展合作交流，签署并发表中俄两国关于加强当代全球战略稳定的联合声明，彰显共同维护全球战略稳定的坚定决心。在与发展中国家交流中，中国始终坚持平等交流，互利互惠，强调“无论发展到哪一步，无论国际风云如何变幻，中国都永远做发展中国家的可靠朋友和真诚伙伴。这是中国对外政策的基础，过去、现在、将来都不会改变”[①]。在国际合作中，中国在全球危机下与世界同舟共济，作出新冠肺炎疫苗研发、试验成功后作为全球公共产品的庄严承诺，并在 2020 年 10 月 8 日正式加入新冠肺炎疫苗实施计划，同全球团结一致，抗击疫情。今天的中国脚踏实地做世界和平的建设者、全球发展的贡献者、国际秩序的维护者，与世界各国相互尊重，合作共赢。

中国倡导各国树立大家庭和合作共赢理念。在主张上，为推动国际合作共赢，中国倡导树立双赢、多赢、共赢理念，呼吁各国把本国利益同各国共同利益结合起来，努力扩大各国利益汇合点。在行动中，中国契合求和平、谋发展、促合作的时代潮流，逐步形成以国内大循环为主体、国内国际双循环相互促进的新发展格局。中国以国际服务贸易交易会、国际进口博览会等平台推动各经济体间的政策和经验交流，促进发展对接，创新合作方式，深化合作领域，增进贸易和投资的自由度和便利度，寻求最大发展利益，让发展成果由世界人民共享；

① 习近平．弘扬万隆精神 推进合作共赢：在亚非领导人会议上的讲话．人民日报，2015－04－23.

在全球经济陷入危机之时，中欧双方宣布签署《中欧地理标志协定》，决定建立环境与气候高层对话和数字领域高层对话，加强沟通协调合作，深化互信，实现互利共赢，坚持维护多边主义，共同应对全球性挑战。这些行动展现出中国愿同各国分享经验和市场的开放姿态，也树立起中国身体力行促进合作共赢的负责任形象。“中国实施了一系列开放新举措，例如设立自由贸易试验区、优化外商投资环境等，为开放合作提供更多平台和便利条件，毫无疑问将为世界经济复苏注入动力。”法国巴黎第八大学地缘政治研究院主任弗里德里克·杜泽的肯定表明，中国的确身体力行、为共同发展而行动，也的确为世界作出了不可磨灭的贡献。

“前进征程上，我们要坚持和平发展道路，奉行互利共赢的开放战略，继续同世界各国人民一道推动共建人类命运共同体”[①]，习近平总书记在庆祝中华人民共和国成立70周年大会上的讲话精练概述了和平友好的中国主张，表达了中国愿同世界人民共同构建人类命运共同体的真诚愿望，是中华文化历来倡导的和平声音、发展主张、合作倡议、共赢方案的集中表达。在可见的将来，中华文化必将为人类文明的发展进步作出更大贡献。

① 习近平．在庆祝中华人民共和国成立70周年大会上的讲话．人民日报，2020-10-02.

第七章

铸造中华文化新辉煌

建设社会主义文化强国、铸造中华文化新辉煌，是实现中华民族伟大复兴中国梦的题中之义。党的十八大以来，社会主义文化强国建设这一时代命题，在以习近平同志为核心的党中央治国理政的理论探索与实践擘画中更加明晰。党的十九届五中全会提出到2035年建成社会主义文化强国的宏伟目标，明确了新时代中国特色社会主义文化建设与文化发展的时间表、任务书、施工图。在接续奋进中建设社会主义文化强国，要以马克思主义科学理论为指导，坚持走中国特色社会主义文化发展道路，不断加强党的领导，始终坚守人民中心立场，持续完善繁荣发展社会主义先进文化的制度。

一、遵循科学理论

坚持以马克思主义为指导，是推动新时代中国特色社会主义文化建设的必然要求。马克思主义科学的世界观与方法论，指明了当代中华文化发展的根本目标、基本原则、因循路径与主要方法。文化强国建设实践中，我们应深刻理解马克思主义的科学性、实践性、发展开放性以及人民性等理论特性，将之转化为把握文化建设客观规律的方法、落实文化建设要求的行动指南、创新文化内容形式的思想基础以及坚持文化建设“以人民为中心”价值导向的科学依据。

首先，马克思主义是科学的理论，为新时代文化建设客观规律的把握提供方法指引。“马克思的整个世界观不是教义，而是方法。它提供的不是现成的教条，而是进一步研究的出发点和供这种研究使用的方法。”① 马克思主义的唯物辩证法是其探寻人类社会发展规律的基础，这一方法决定了其对任何事物的理解都是从其动态发展的视角入手，从其客观性与能动性、历史性与现实性、区域性与世界性的辩证理解中发掘事物的变更趋势。马克思主义指导下新时代中国的文化建设，融汇

① 马克思，恩格斯．马克思恩格斯选集：第4卷．3版．北京：人民出版社，2012：664.

了辩证唯物主义和历史唯物主义的科学世界观与方法论，在正确处理物质与精神、传统与现代、中国与世界三对关系的过程中，实现对新时代文化建设客观规律的把握。

具体而言，一是在科学处理物质与精神的关系层面，要坚持物质需求第一位，两个文明一起抓。“人们首先必须吃、喝、住、穿，然后才能从事政治、科学、艺术、宗教等等”①。马克思始终坚持物质生产在包括文化在内的社会发展中的基础性地位，马克思主义指导下新时代我国文化建设也应以人民物质生产生活水平的提升为基础，同人民物质生活水平的改善相统一。新时代，中国基础设施建设纵深推进，以及5G基站、大数据中心、工业互联网等“新基建”广泛展开，在促进人民生活质量提升的同时，为新时代文化产业事业的发展提供了创新空间。二是在科学处理传统与现代的关系层面，要坚持古为今用，推陈出新。习近平总书记指出：“我们既不要片面地讲厚古薄今，又不要片面地讲厚今薄古，而是要本着科学的态度，继承和弘扬中华优秀传统文化，努力用中华民族创造的一切精神财富来以文化人、以文育人。”② 进入新时代，我国在深刻把握传统与现代的脉络连接中，加强对传统文化资源的合理利

① 马克思，恩格斯．马克思恩格斯全集：第25卷．2版．北京：人民出版社，2001：594.

② 中共中央文献研究室．习近平关于社会主义文化建设论述摘编．北京：中央文献出版社，2017：140.

用，为文化建设提供创新内容。《长安十二时辰》《大理寺日志》等以中国历史宏大叙事为创作背景的影视作品、“文化惠民”等文艺活动，在互联网新媒体技术平台的加持下获得更广泛的传播；故宫新品、国潮品牌等以中国传统文化元素为主轴的设计作品、文化产品，在深度契合现代审美的基础上激起新潮流。三是在科学处理中国与世界的关系层面，要坚持“洋为中用”，辩证取舍。习近平总书记在哲学社会科学工作座谈会上明确指出：“国外哲学社会科学的资源，包括世界所有国家哲学社会科学取得的积极成果，这可以成为中国特色哲学社会科学的有益滋养。要坚持古为今用、洋为中用，融通各种资源，不断推进知识创新、理论创新、方法创新。”① 新时代中国文化建设亦当坚持域外借鉴与自主创新的辩证统一。当前，我国在国际关系上提出以人类命运共同体理念为核心的新思路。这一思路将西方中心主义下“霸权”“控制”等理念转化为“合作”“共赢”的和合思维，彰显了中华文化的价值追求。

其次，马克思主义是实践的理论，为新时代文化建设的现实推进提供了行动指南。“哲学家们只是用不同的方式解释世界，问题在于改变世界。”② 实践性是马克思主义理论区别于

---

① 习近平．在哲学社会科学工作座谈会上的讲话．人民日报，2016-05-19.

② 马克思，恩格斯．马克思恩格斯文集：第1卷．北京：人民出版社，2009：502.

其他思想理论的本质特性，马克思主义“改造世界”的实践导向决定了其对社会发展规律的把握是从其客观状况出发，发现现实问题、揭示现实矛盾、推动现实变革。马克思主义为新时代中国文化建设的现实推进提供了行动指南，使我国的文化建设在关照社会主义初级阶段的时间现状、百年未有之变局的空间现状中更具现实性。

一方面，新时代的中国文化建设，在关照社会主义初级阶段文化发展不平衡不充分的现实中，推动中华文化的整合与创新。习近平总书记指出：“我国社会主义还处在初级阶段，我们还面临很多没有弄清楚的问题和待解的难题，对许多重大问题的认识和处理都还处在不断深化的过程之中，这一点也不容置疑。”① 在社会主义初级阶段，我国的文化建设虽然已经取得了巨大成就，但国家软实力与硬实力之间，旧有思想意识与现代文明理念之间，不同地域、阶层、个体思想观念之间的矛盾冲突仍然存在。围绕既已存在的文化发展矛盾，我们党明确提出提高国家文化软实力的战略任务，弥合国家软硬实力的裂口；先后发布《新时代公民道德建设实施纲要》《新时代爱国主义教育实施纲要》等精神文明建设指导文件，促进人们思想观念与精神风貌的现代发展；党中央以实现中华民族伟大复兴

---

① 中共中央文献研究室．习近平关于社会主义文化建设论述摘编．北京：中央文献出版社，2017：60.

中国梦的共同追求促进不同地域、阶层与个体间的思想勾连。另一方面，新时代中国的文化建设，关照百年未有之大变局下中西文化激荡的现实境遇，构建中华文化的自觉与自信。全球化的深入发展使形形色色的西方思潮在我国翻腾喧嚣，意识形态领域的斗争日益尖锐。从国外看，“各种敌对势力一直企图在我国制造‘颜色革命’，妄图颠覆中国共产党领导和我国社会主义制度”①。面向国内，否定党、国家、军队和我国革命、建设、改革的“一些错误思潮和观点不时出现”②。面对这一问题，我们党高扬文化自信的大旗，在对中华优秀传统文化、革命文化、社会主义先进文化的深入发掘中建立深沉而执着的信仰信念，“建设好全国各族人民的精神家园，筑牢中华儿女团结奋进、一往无前的思想基础”③。

再次，马克思主义是不断发展的开放的理论，为新时代文化建设内容形式创新提供科学依据。“一部马克思主义发展史就是马克思、恩格斯以及他们的后继者们不断根据时代、实践、认识发展而发展的历史，是不断吸收人类历史上一切优秀思想文化成果丰富自己的历史。”④ 历经历史与时代检验的马

---

① 中共中央文献研究室．习近平关于社会主义文化建设论述摘编．北京：中央文献出版社，2017：37.

② 同①52.

③ 习近平．在全国抗击新冠肺炎疫情表彰大会上的讲话．人民日报，2020-09-09.

④ 习近平．在纪念马克思诞辰200周年大会上的讲话．人民日报，2018-05-05.

克思主义之所以经久不衰、生命常新，不仅仅因其思想的科学性，更因为蕴含于其理论内核的开放发展属性。新时代中国的文化建设，继承了马克思主义与时俱进的思想内核，在自觉借鉴以往人类优秀思想文化、适应蓬勃发展的当代文化实践过程中，推进文化建设内容与形式的不断创新。

马克思主义理论体系的创立与发展，是在对以往人类优秀思想文化的批判继承中实现的，是立足于人类社会发展客观实际的基础上实现的，这为新时代中国文化建设的内容与形式创新提供了科学依据。厚植于西方传统思想文化的马克思主义，在对德国古典哲学、英国古典政治经济学和英法空想社会主义学说的批判继承中创立。这一创立过程广泛关照了当时欧洲颇具影响力的青年黑格尔派与老年黑格尔派等思想流派，规避了黑格尔、费尔巴哈、鲍威尔、施特劳斯等不同思想家在根本立场、基本方法与重要原则等方面的理论误区，厘清了唯心主义、新旧唯物主义等各类思想之间的联系与区别，从而在深厚的思想土壤中建构起科学的理论体系。马克思主义的创立与发展过程，有力论证了文化内容形式创新要坚持理性批判的基本方法与海纳百川的基本态度，这也成为马克思主义指导下新时代中国文化建设的基本遵循。新时代以来，我国在坚持围绕人民群众生产生活来发展文化的过程中主动求变，推动文化内容与形式更新。当代中华文化的转型发展是以人民群众生活实践为基础的全方面发展过程，这一过程既包括中国经验、中国道路等内容性元素的更新，也包含中国的文化载体、文化传媒、文化环境等形式性元素的更新。我们应打破传统观念的束缚，努力推动人民思想认识的新飞跃；积极探索有利于破解文化创新难题的举措与办法，在对社会信息化持续推进这一新情况的适应中，促进传统媒体和新媒体的融合发展，借力新技术新应用创新媒体传播方式，占领思想文化宣传的制高点。

最后，马克思主义是人民的理论，为确立新时代文化建设“以人民为中心”的价值导向提供了思想基础。“旧唯物主义的立脚点是‘市民’社会；新唯物主义的立脚点则是人类社会或社会化的人类。”① 人民是马克思主义理论的立足点，马克思主义对个体自由发展权利的尊重与其对人民群众历史主体地位的尊重相联系，共同服务于人类解放的目标。在马克思主义人民立场的指引下，新时代中国文化建设坚持以人民为中心的价值导向，构建起人民自觉认同与国家主动求变的发展“主动性”。马克思主义的人民立场为新时代文化建设价值导向的确立提供了思想基础，而人民主体地位的跃升过程也在实践中表现出丰富的层次性。这一问题我们留在后面专门分析，此处不作赘述。

理论与实践向来是紧密联系的。以马克思主义为指导推进

---

① 马克思，恩格斯．马克思恩格斯文集：第1卷．北京：人民出版社，2009：506.

新时代中国文化建设，是科学理论与文化实践双向互融的过程。这一过程中，当代中国的文化建设因马克思主义的指导而更具与人类社会发展规律的契合性，马克思主义也在对中国文化建设实践的指导中实现了自身的丰富与发展。

二、坚持正确道路

新时代文化强国建设，需要坚持中国特色社会主义文化发展道路。新时代中国的时空境遇决定了这一文化建设道路所具有的特殊规定性。“独特的文化传统，独特的历史命运，独特的基本国情，注定了我们必然要走适合自己特点的发展道路。”[①] 这条以“新时代”和“中国特色社会主义”为核心特征的文化建设道路，不是对中国传统文化发展道路的逆向回归，亦非对以往我国社会主义文化建设道路的简单因袭，更不是对发达国家文化发展道路的盲目搬用。这一道路以“批判继承”、“回应现实”和“自主创新”为要求，延伸出新时代我国的文化建构道路、文化发展道路与文化传播道路。

第一，坚持中国特色社会主义文化发展道路，在对传统文

① 习近平．习近平谈治国理政：第 1 卷．2 版．北京：外文出版社，2018：156.

化的批判继承中建构中华文化。中华民族数千年的实践求索与历史积淀，汇聚起中华优秀传统文化的繁荣发展道路。这一发展道路上矗立着涵养中国历史文脉的人文资源，闪耀着标识中华民族精神特质的文化精义，蕴含着揭示人类未来发展方向的文明密码，为我们探寻当代中国文化发展道路提供了宝贵资源。但中华传统文化发展道路中涵摄的落后内容则无法适用于当代中国的文化建设。“这就要求人们在学习、研究、应用传统文化时坚持古为今用、推陈出新，结合新的实践和时代要求进行正确取舍，而不能一股脑儿都拿到今天来照套照用。”[①]

新时代中国的文化发展道路，是一条兼顾传统文化优质资源与现代文化发展逻辑的文化建构道路。一方面，这一文化发展道路致力于建立起对中华优秀传统文化的自觉自信，贯通中华民族数千年来一脉相承的文明演进脉络。习近平总书记指出：“要讲清楚中华优秀传统文化的历史渊源、发展脉络、基本走向，讲清楚中华文化的独特创造、价值理念、鲜明特色，增强文化自信和价值观自信。”[②]“这就是中国特色社会主义道路。……是在对中华民族 5 000 多年悠久文明的传承中走出来的，具有深厚的历史渊源和广泛的现实基础。”[③] 新时代以来，

---

① 习近平．在纪念孔子诞辰 2 565 周年国际学术研讨会暨国际儒学联合会第五届会员大会开幕会上的讲话．北京：人民出版社，2014：11.

② 习近平．习近平谈治国理政：第 1 卷．2 版．北京：外文出版社，2018：164.

③ 同②39－40.

社会各界逐步加强对中华文化发展历史与现实的研究，不断拓展中华优秀传统文化的弘扬角度与领域；逐步加强当代中国文化与优秀传统文化在元素、形象、符号及思想、理念诸领域的融通与契合；逐步加强以社会主义核心价值观为核心、贯通传统与当代的文化体系建设，淬炼彰显中华民族独特基因、标识的中华文化样态。另一方面，新时代中国的文化发展道路努力推动中华优秀传统文化的现代转型，激活中华优秀传统文化的当代活力。新时代以来，我国进一步推进对中华优秀传统文化资源的发掘与更新，促进“中华民族最基本的文化基因同当代中国文化相适应、同现代社会相协调”[①]。在对中华优秀传统文化发展道路的梳理与研究中，挖掘出诸如“厚德载物”[②]“合同之辨”[③] 等中华民族独具的兼容并包品格，诸如“天地革四时而成”[④]“事异则备变”[⑤] 等中华文化自有的通变创新精神，诸如“天行健，君子以自强不息”[⑥]“与天地合其德”[⑦] 等中国人民崇尚的自信自强特质，服务于当代民族精神的整合及民族伟大复兴时代课题的破解。

第二，坚持中国特色社会主义文化发展道路，在对我们党

① 习近平．在中国文联十大、中国作协九大开幕式上的讲话．北京：人民出版社，2016：15.

② 《周易·乾》

③ 《国语·郑语》

④ 《周易·革》

⑤ 《韩非子·五蠹》

⑥⑦ 《周易·乾》

文化建设既有经验的传承转化中发展中华文化。中国共产党在团结带领中国人民开展革命、建设与改革的波澜壮阔的百年征程中，总结出一套契合中国国情、直击中国问题、化解现实矛盾的先进文化建设经验。新时代中国的文化建设道路在广泛借鉴我们党关于先进文化建设经验的过程中，坚持发扬实事求是精神，继续开辟与当代社会相适应、与现代文明相协调的文化建设道路。

新时代中国的文化发展道路，是一条统筹我们党既有文化建设经验与当下文化建设实际的文化发展道路。一方面，这一道路将坚持马克思主义指导的建设经验与推动马克思主义中国化的现实需求相结合。“意识形态决定文化前进方向和发展道路。”① 在意识形态领域，我们党始终坚持以马克思主义为指导与持续推动马克思主义中国化相统一。习近平总书记指出：“必须推进马克思主义中国化时代化大众化，建设具有强大凝聚力和引领力的社会主义意识形态，使全体人民在理想信念、价值理念、道德观念上紧紧团结在一起。”② 在这一理念指引下，党和国家的宣传思想工作队伍自觉担负举旗帜、聚民心、育新人、兴文化、展形象的使命任务，不断推动中国化马克思主义意识形态深入人心，不断推动中国特色社会主义文化繁荣

①② 习近平．决胜全面建成小康社会 夺取新时代中国特色社会主义伟大胜利：在中国共产党第十九次全国代表大会上的报告．北京：人民出版社，2017：41.

发展。另一方面，这一道路将坚持党对文化建设事业的领导经验与充分发挥人民群众主动性的现实需求相结合。“真正人民大众的东西，现在一定是无产阶级领导的。”[①] 牢牢坚持党对文化建设领导，是我们党在文化发展历史中形成的宝贵经验。进入新时代，面对日益丰富的文化呈现样态以及日益普及的文化传播手段，在党领导下依靠人民进行文化建设的重要性日益突出。无论是党的十七届六中全会中提出“发挥人民在文化建设中的主体作用，坚持文化发展为了人民、文化发展依靠人民、文化发展成果由人民共享”[②]，还是党的十八届三中全会强调的“坚持以人民为中心的工作导向”[③]，都体现了新时代中国文化建设对历史经验与现实需求的兼顾。

第三，坚持中国特色社会主义文化发展道路，在对发达国家文化建设成就的自主借鉴中传播中华文化。在经济全球化背景下，积极提升我国文化在世界文化激荡交融中的吸引力、影响力，是社会主义文化强国建设的应有之义，这也决定了当代中国的文化建设必然在与世界文化彼此交流借鉴的过程中展开。多年来对发达国家文化建设经验的积极借鉴，使我国在文化战略制定、文化事业产业建设以及文化传播等方面获得了有

① 毛泽东．毛泽东选集：第3卷．2版．北京：人民出版社，1991：855.

② 中共中央文献研究室．十七大以来重要文献选编：下．北京：中央文献出版社，2013：563.

③ 中共中央文献研究室．十八大以来重要文献选编．北京：中央文献出版社，2016：802.

益启迪。比如在文化产业的发展层面，我国在引入英美日等国的文学、电影、动漫、音乐、绘画、建筑、雕刻等文艺作品的同时，积极推动我国文化产业的自主发展，立足中国的文化资源与文化环境打造文化产业集群、构建文化产业投融资体系、推进城乡文化互助政策等，为中华文化的内在建设提供优良的竞争环境与发展载体。全面对外开放背景下，文化建设的“引进来”与“走出去”缺一不可。“提高国家文化软实力要‘形于中’而‘发于外’”①，积极推动中华文化的域外传播，是提升我国国家文化软实力的应为之举。当前，我国在学习部分发达国家文化传播经验的同时，建立了健全相关配套措施，积极推动文化“走出去”战略。《2019 中国第三产业统计年鉴》显示，2019 年全国图书、期刊、报纸输出总量，音像、电子出版物出口总额，版权输出数量，相较之前均有较大增长。

中国特色社会主义文化发展道路的探索与完善，是“中国文化转型”这一历史母题在新时代的逻辑演进与历史发展。文化发展道路历史性与现实性的双重特质决定了对新时代社会主义文化强国建设问题的回应必然在传统与现代逻辑的交互中得到答案。而对中国特色社会主义文化发展道路的坚持求解，也必将在贯通古今的问题回应中影响中国与世界。

---

① 中共中央文献研究室．习近平关于社会主义文化建设论述摘编．北京：中央文献出版社，2017：199.

三、加强党的领导

"党的领导是社会主义文艺发展的根本保证。"[①] 社会主义文艺的健康发展离不开党的领导，社会主义文化强国建设同样如此。作为一项系统性工程，中国特色社会主义文化建设在不同层面的需求特性，决定了中国共产党领导文化建设的多重规定性。文化发展历程的漫长性决定了党对文化建设的长期领导，思想文化宣传的广泛性决定了党对文化建设的全面领导，文化建设环境的复杂性决定了党对文化建设的科学领导，文化建设内容的丰富性决定了党对文化建设的根本领导。这些特性相互补充、相辅相成，共同建构起中国共产党领导文化建设的科学依据。

首先，文化发展历程的漫长性，决定了党对文化建设的长期领导。"思想演化是个长期过程"。[②] 人的思想、观念、精神演化发展的长期性决定了文化建设渐进传承的特点，这也从时间维度规定了，中国共产党对文化建设的领导必须长期在场。纵览中国共产党的文化建设历程，坚持党的正确领导是始终不

---

① 习近平．在文艺工作座谈会上的讲话．人民日报，2015－10－15.

② 中共中央文献研究室．习近平关于社会主义文化建设论述摘编．北京：中央文献出版社，2017：21.

变的宝贵经验。民主革命时期，以毛泽东同志为主要代表的中国共产党人领导开展新民主主义文化建设，打破了国民党反动势力的文化攻势，肃清了党内王明等人的错误认识，保证了党在思想文化领域的独立性和先进性，为新民主主义革命取得完全胜利提供了强大的精神保证。改革开放以来，我们党在推进各项文化体制机制改革与完善过程中，进一步加强了对文化工作的领导。无论是邓小平提出的要使我们党“成为领导全国人民进行社会主义物质文明和精神文明建设的坚强核心”[①]，还是党的十七届六中全会强调的“加强和改进党对文化工作的领导，提高推进文化改革发展科学化水平”[②] 等，都深刻揭示了加强和改进党对文化建设事业的领导，对推动中国特色社会主义文化繁荣发展所具有的重大意义、关键作用。可以说，近代以来，从革命、建设到改革实践，中国人民和中华民族的文化发展一脉相承，中华文化建设发展成就节节高扬。其中的关键原因，就是党对文化建设的领导终始相继，为中华民族实现文化复兴提供了强有力的政治保证。迈入中国特色社会主义新时代，中国共产党的坚强领导将在新时代汇聚新动力，推动中国特色社会主义文化建设事业蓬勃发展、再创辉煌。

其次，思想文化宣传的广泛性，决定了党对文化建设的全

① 邓小平．邓小平文选：第 3 卷．北京：人民出版社，1993：39.

② 中共中央文献研究室．十七大以来重要文献选编：下．北京：中央文献出版社，2013：581.

面领导。思想文化宣传的广泛性分别指向对文化传播载体多样性与文化创造主体差异性的尊重，而在包容尊重的同时保持秩序与理性，明辨立场与导向，则需要在中国共产党的全面领导下展开文化建设。从文化传播载体的多样性看，党管媒体是新时代媒体发展与文化建设的必然。习近平总书记在论述党与媒体的关系时明确指出："党管媒体，不能说只管党直接掌握的媒体。党管媒体是把各级各类媒体都置于党的领导之下，这个领导不是'隔靴搔痒式'领导，方式可以有区别，但不能让党管媒体的原则被架空。"[①] 我国主流报刊、广播、电视等大众传媒都肩负着传递党的声音的责任，这对于在文化建设、文化参与的大众性日益增强的时代提升媒体公信力与影响力有着关键作用。从文化创造主体的差异性看，党领导全体人民共同参与社会主义文化建设，成为坚持新时代中国文化发展道路的必然选择。当前，中国共产党正领导全国各族人民进一步加强对马克思主义科学理论的阐释发展力度、对优秀传统文化的发掘转化力度、对社会主义核心价值观的培育弘扬力度、对网络空间的思想引领示范指导力度、对多元文化的吸纳整合力度，努力推进社会主义主流文化与人民群众的思想耦合，画出凝聚人民精神力量的思想同心圆。

---

① 中共中央文献研究室．习近平关于社会主义文化建设论述摘编．北京：中央文献出版社，2017：42.

再次，文化建设环境的复杂性，决定了党对文化建设的科学领导。新时代以来，受日益严峻的国际形势的影响，国内外文化建设环境发生重大变化。2020 年 11 月，习近平总书记在亚太经合组织领导人对话会上发表主旨演讲，对当前和今后的国际社会发展局势作出科学研判。他说："人类正处在一个特殊的历史时期。新冠肺炎疫情全球大流行，推动世界百年未有之大变局加速演进。"① 国际局势深刻变动的具体表现，就是习近平总书记强调的"世界经济深度衰退，全球产业链、供应链遭受冲击，治理赤字、信任赤字、发展赤字、和平赤字仍在扩大。单边主义、保护主义、霸凌行径上升，经济全球化遭遇逆流，加剧了世界经济中的风险和不确定性"②。全球经济发展挫折反映到文化和意识形态领域，就是以"单边主义""保护主义""强权主义"为特征的霸凌行径、霸权文化的抬头。这一背景对中华文化的对内建设与对外传播所带来的不容忽视的考验和挑战，要求我们必须进一步加强党对中国特色社会主义文化建设的科学领导。习近平总书记在全国宣传思想工作会议上就曾明确强调，要将宣传思想工作放在国内外环境中检验。他说："我们中国共产党人能不能在日益复杂的国际国内环境下坚持住党的领导、坚持和发展中国特色社会主义……。

①② 习近平．构建新发展格局 实现互利共赢：在亚太经合组织工商领导人对话会上的主旨演讲．人民日报，2020－11－20.

做好意识形态工作，做好宣传思想工作，要放到这个大背景下来认识。”①

最后，文化建设内容的丰富性，决定了党对文化建设的根本领导。文化建设的丰富性源于建设内容对不同利益群体、阶层与个体思想态度的关照。党性与人民性的高度统一，决定在新时代的文化建设与发展实践中坚持党性原则是凝聚统摄全国人民精神力量的正确路径。在宣传思想领域，中国共产党的根本领导明确了宣传纪律，辨明了是非曲直，确立了观点立场，为宣传工作的开展划定了思想红线。在新闻舆论领域，中国共产党的根本领导保障了党对媒体、意识形态以及社会舆情的把控，为新闻舆论工作的开展确定了空间与格局。习近平总书记在全国宣传思想工作会议上强调：“党性原则不仅要讲，而且要大张旗鼓讲、理直气壮讲、坚持不懈讲。不要躲躲闪闪、含糊其辞。”② 这一要求明确了我国文化建设的核心立场，彰显了中国共产党坚持对文化建设领导的强烈决心，为我国文化建设的纵深推进提供了底气与定力。

“文运同国运相牵，文脉同国脉相连。”③ 中国共产党领导是中国特色社会主义最本质的特征，坚持党对文化建设的领导

① 中共中央文献研究室．习近平关于社会主义文化建设论述摘编．北京：中央文献出版社，2017：31－32.

② 同①25.

③ 同①172.

是新时代文化强国建设的必然选择。中国共产党对文化建设事业的领导，也将会同党对国家建设中其他领域的领导一样，推动中国特色社会主义不断向前发展。

四、守护人民立场

人民群众是历史活动的主体，是历史的创造者。新时代文化建设需要始终坚持以人民为中心的发展思想和根本立场。文化建设实践中的人民立场，体现在文化建设依靠人民、文化发展服务人民、文化成效依赖人民检验等三个方面。

其一，文化建设依靠人民。坚持人民群众在文化建设实践中的主体地位，是马克思主义群众史观在文化建设领域的运用和体现。首先，人民群众的物质生产实践是文化和精神生产赖以产生发展的基础。习近平总书记在文艺工作座谈会上指出："物质需求是第一位的，吃上饭是最主要的，所以说'民以食为天'。"[1] 人民群众的物质生产实践为文化建设与发展提供了物质基础、实践前提、生产要素等。新时代中国文化蓬勃发展的本质，是中国社会经济物质财富等的精神延伸。其次，人民群众的社会实践是文化创造的直接源泉。毛泽东针对人民生活

① 习近平．在文艺工作座谈会上的讲话．人民日报，2015－10－15.

与文学艺术创作的关系论述问题指出："人民生活中本来存在着文学艺术原料的矿藏……它们是一切文学艺术的取之不尽、用之不竭的唯一的源泉。"① 依附于特定时空条件下的文化，其发展水平与丰富程度无不取决于其所处时代人民群众的生产生活水平的高低。新时代中国社会生产水平的提升以及人民日常交往的多维拓展，为中国特色社会主义文化发展积累了不竭源泉，为优秀作品的创作提供了丰厚的素材、资源乃至文化主题。邓小平曾将人民喻为文艺工作者的"母亲"，强调"用人民创造历史的奋发精神来哺育自己，这就是我们社会主义文艺事业兴旺发达的根本道路"②。最后，人民群众是社会文化创造的担纲者与参与人。中华优秀传统文化繁华璀璨的历史成就与当代中华文化繁荣兴盛的现实成绩背后，无不凝结着中国人民和中华民族的整体智慧、整体力量。铸造新时代中华文化的新辉煌，尤其需要我们牢牢立足当代国人蓬勃开展的中国特色社会主义实践，最大限度地调动、激发 14 亿多人民投身中国特色社会主义文化建设的参与热情与创作潜能，为新时代文化强国建设贡献力量。

其二，文化发展服务人民。守护人民立场，在价值逻辑上就是坚持以人民为中心的创作导向。"为什么人"的问题是文

---

① 毛泽东．毛泽东选集：第 3 卷．2 版．北京：人民出版社，1991：860.

② 邓小平．邓小平文选：第 2 卷．2 版．北京：人民出版社，1994：211.

化建设与发展实践中的根本问题。“不能在为什么人的问题上发生偏差，否则文艺就没有生命力。”① 我们党在领导开展文化建设实践中始终坚持为人民服务的正确立场。早在延安时期，毛泽东针对无产阶级文化建设与人民的关系问题即明确指出文艺是“为人民的”“为人民大众”，是“为人民服务的”②。邓小平在改革开放时代背景下引领擘画文化发展时明确强调文化“为人民服务”“为社会主义服务”的“二为”方向，强调“我们的文艺属于人民”这一根本价值立场，号召文艺工作者“应当在描写和培养社会主义新人方面付出更大的努力……。要通过这些新人的形象，来激发广大群众的社会主义积极性，推动他们从事四个现代化建设的历史性创造活动”③。党的十八大以来，习近平总书记将社会主义文艺的“二为”方向视为“根本方向”，称之为“党对文艺战线提出的一项基本要求”，是“决定我国文艺事业前途命运的关键”所在④。社会主义文化建设究竟如何落实为人民服务、为社会主义服务的基本要求呢？习近平总书记在文艺工作座谈会上的讲话指出：“以人民为中心，就是要把满足人民精神文化需求作为文艺和文艺工作的出发点和落脚点，把人民作为文艺表现的主体，把人民作为

---

① 习近平．在文艺工作座谈会上的讲话．人民日报，2015-10-15.

② 毛泽东．毛泽东选集：第3卷．2版．北京：人民出版社，1996：210.

③ 邓小平．邓小平文选：第2卷．2版．北京：人民出版社，1994：209-210.

④ 习近平．在文艺工作座谈会上的讲话．人民日报，2015-10-15.

文艺审美的鉴赏家和评判者，把为人民服务作为文艺工作者的天职。”[①] 习近平总书记这里的“出发点”、“落脚点”以及“天职”等词，鲜明体现了马克思主义文化观的人民立场、人民情怀。正是因为我们党始终坚持文化建设服务人民的价值目标，中华民族才得以在革命、建设与改革实践中从根本上迎来民族文化转型发展的不竭动力，中华文化才得以在社会主义文化强国建设实践征程上激昂奋发。

其三，文化成效依赖人民检验。人民不仅是文化建设的主体力量、文化发展的服务对象，还是文化成果好坏优劣的评定者、检验员。邓小平曾明确指出：“作品的思想成就和艺术成就，应当由人民来评定。”[②] 只有真正满足人民精神需要、为人民群众所喜闻乐见的文化作品，才具有真正的竞争力、影响力与生命力。这里的道理不难理解，文化产品如同人类社会生产实践中创造的其他产品一样，只有“在消费中才证实自己是产品，才成为产品”[③]。广大人民群众作为文化产品的消费者，是确证文化产品价值高低的关键。此外，人民群众在接受或拒斥文化产品的过程中直接或间接地影响着社会文化的再生产，通过期待设置左右着文化创作的主题选择与元素搭配，最终决

① 习近平．在文艺工作座谈会上的讲话．人民日报，2015-10-15.

② 邓小平．邓小平文选：第2卷．2版．北京：人民出版社，1994：212.

③ 马克思，恩格斯．马克思恩格斯选集：第2卷．2版．北京：人民出版社，1995：9.

定着文化的发展方向。新时代中国的文化建设，在以日益丰富的优质文化产品满足人民群众精神文化既有需求的同时，亦不断提升着人民群众的文化品位、精神境界，在文化供给与文化需求的良性互动中，实现中华文化的创新发展。

人民是社会主义文化建设的主体力量，对人民立场的守护是新时代中国特色社会主义文化强国建设的重要特征。这一人民立场超越了传统中国“民本主义”的局限，克服了现代西方“人本主义”的缺陷，是对马克思主义人民观的正确坚持，是新时代中华文化繁荣兴盛的鲜明价值指引。

五、筑牢制度优势

文化强国建设需要制度建设作保障，中国特色社会主义独有的文化制度，为新时代的文化强国建设保驾护航。新时代文化制度建设时代命题的产生，是由当下我国文化建设日益复杂的现实境遇决定的，新时代文化制度的建设过程是一个统筹各类文化建设要素的系统性工程，也必将在科学处理各类文化建设要素间张力的过程中实现。

其一，新时代我国文化建设的思想理论成果需要制度的巩固与彰显。党的十八大以来，我国在推动中国特色社会主义文化建设实践中总结积累了丰富的思想理论创新成果，提出了一系列新思想新观点新论断，如坚持党对意识形态工作的领导权，坚持用习近平新时代中国特色社会主义思想武装全党、教育人民，坚持培育和践行社会主义核心价值观，坚持文化自信是更基础更广泛更深厚的自信、是更基本更深沉更持久的力量，坚持提高新闻舆论传播力、引导力、影响力、公信力，坚持以人民为中心的创作导向，坚持营造风清气正的网络空间，坚持讲好中国故事、传播好中国声音，等等。思想文化建设领域取得的这些创新成果，深化了我们对中国特色社会主义文化建设的规律性认识，是新时代铸造中华文化新辉煌的行动指引。我们应当将这些宝贵的理论成果以制度化的形式呈现出来，在文化建设实践中长期坚持并不断发展。

其二，新时代文化强国战略的现实推进需要制度引领。进入中国特色社会主义新时代，我国文化强国战略的现实推进面临新境遇新课题新任务。社会信息化的加速推进以及网络空间的丰富扩展等，均为新时代意识形态领导权的巩固和加强提出新要求；经济全球化、文化多样化背景下社会思潮的激烈涌动为新时代社会主义核心价值观的培育践行提出了新挑战；人民物质生活的日益丰盈推动人民精神文化诉求的不断高涨，高质量文化作品培育力度亟须增强；等等。复杂的现实境遇、多变的具体要求，无不呼唤我们推动中国特色社会主义文化发展的体制机制建设，筑牢新时代中华文化繁荣发展的制度优势。

其三，在科学处理各类文化建设要素张力的过程中稳步推进文化制度建设。比如，文化建设的各类要素中存在着个体与整体、中国与世界、中央与地方等不同层次的张力，这决定了新时代文化制度建设必须以系统性思维科学处理不同要素之间的对立统一关系。首先，坚持总体引导与个体关注相统一，在科学处理主体要素关系的过程中推进文化制度建设。在新时代文化制度建设中，我们应兼顾整体发展与个人关照相结合的原则，将以人民为中心的文化发展导向作用于人民的日常生活之中。一方面，在公共文化服务发展中坚持个体服务体验提升与总体服务水平优化相结合，在加大对公共文化服务资金投入的同时，健全不同地域及不同群体的文化教育体系、休闲娱乐产业、创业就业环境等配套措施，形成兼顾公共文化服务与个人文化体验的网络化供给体系，以公共文化服务的增量扩充与质量跃升促进文化建设有效性的提升；另一方面，在公共文化服务配给中坚持个体公平与总体均衡相结合，既要尽力缩小不同地域公共文化服务条件的差距，又要公平对待每一位公民对公共文化服务的合理合法需求，以公共文化服务的存量调整促进文化建设有效性的实现。其次，坚持域外借鉴与自主创新相统一，在科学处理资源要素关系的过程中推进文化制度建设。新时代我国的文化制度建设要科学处理其他文化发展模式与自我文化创新的关系，为社会主义文化强国建设提供“中国化”与“国际化”的双向保障。一是坚持文化发展有益经验的“中国化”思路，在实事求是态度指引下，实现对既有举措与外来经验的创新与扬弃，形成独具中国特色、符合中国实际的文化建设方略；二是坚持中国文化的“国际化”进步，以人类命运共同体理念为基础推动中华文化走向世界，讲好中国故事，传递中国声音，形成兼顾中国理念、他国发展利益与实际国情的优化策略。最后，坚持中央统筹与地方协调相统一，在科学处理环境要素关系的过程中推进文化制度建设。新时代中国的文化制度建设要推动中央与地方文化建设环境的互联互通，推动国家文化发展与地方文化建设协同共促。一方面，坚持“中央统筹”，在顶层设计方面纵深推进诸如文化下乡、基层文化服务设施建设、农家书屋等以整体带动部分的中长期文化发展战略，开辟地方文化发展新空间；另一方面，推进“地方协调”，在地方文化政策制定中坚持兼顾文化发展与人民生活水平的整体提升，通过解决地方社会经济、环境治理、医疗健康等民生问题，促进区域资金、资源、人才、劳动力等各类文化生产要素的统筹协调，以经济发展带动文化进步，以文化产业化助推经济可持续化，为系统性治理提供广阔的实践空间。

总之，当代中华文化的优异成就、光明前景，是中国特色社会主义制度优势在文化建设实践领域的充分显现。满足人民日益增长的精神文化需求，仍需我们在文化建设实践中不断健全完善文化发展的体制机制。

后 记

推动中华文化的繁荣兴盛，既是中华民族伟大复兴的题中之义，亦是实现民族复兴的重要前提。习近平总书记在庆祝中国共产党成立100周年大会上深刻指出：“一百年来，中国共产党团结带领中国人民进行的一切奋斗、一切牺牲、一切创造，归结起来就是一个主题：实现中华民族伟大复兴。”在勠力推动中华民族实现伟大复兴的百年征程中，中国共产党领导中国人民取得了一系列伟大历史性成就。在一定意义上，我们可以从文化与文明的角度对百年辉煌成就进行提炼性的归纳和概括。恰如习近平总书记所庄严宣告的，我们“推动物质文明、政治文明、精神文明、社会文明、生态文明协调发展，创造了中国式现代化新道路，创造了人类文明新形态”，我们党

“一百年来开辟的伟大道路、创造的伟大事业、取得的伟大成就，必将载入中华民族发展史册、人类文明发展史册”。

今天的我们，已经在中华大地上全面建成了小康社会，实现了第一个百年奋斗目标。意气风发的中国人民和中华民族正在中国共产党的领导下向着全面建成社会主义现代化强国的第二个百年奋斗目标勇毅前行。新时代，新征程。我们仍然需要以高度的文化自觉与文化自信，持续提升国家文化软实力，建成社会主义文化强国，推动中华文化繁荣兴盛，为实现中华民族伟大复兴增添文化的内涵，增益文化的力量。

基于上述思考，我们研学精思，形成了《中华文化为什么兴》这本小书。小书得以形成，首先受惠于导师沈壮海教授多年来的悉心教导与无私栽培。正是在沈老师的引领下，一度徘徊、游移于中西文化比较问题中的我，走上了学习、研究中国特色社会主义文化建设与中华文化转型发展的新途，并在沈老师的关怀、指导下，写作出版了《文化自信：理论解析·历史省思·当代涵育》（天津教育出版社 2019 年版）等小书，参与写作出版了《吸引力、影响力、文化软实力：中国特色社会主义文化建设》（武汉大学出版社 2014 年版）、《文化何以自信》（中国人民大学出版社 2020 年版）等著作。也是在沈老师的鼎力推荐下，我有幸参与中国人民大学出版社策划推出的这套“中国之治的成功密码”丛书的编写工作，承担其中《中华文化为什么兴》的写作任务。

“中国之治的成功密码”丛书先后入选中宣部 2020 年主题出版重点出版物选题、教育部 2020 年全国高校出版社主题出版选题。这当然离不开中宣部、教育部与中国人民大学出版社相关领导、专家的关心与提携。同时，本册小书也是我主持的国家社科基金项目“习近平总书记关于文化自信思想研究”的阶段性成果。参与课题研究与本书初稿写作的，还有魏薇、施曼青、胡欣欣、孟维嘉等同志。中国人民大学出版社牛晋芳老师、李国庆老师，在选题策划与立项、书稿研究与写作及书稿后期的编校修改等各个环节，都给予了宝贵的指导与帮助。在此谨向各位领导、专家、同人致以诚挚的感谢！

在本书的研究与写作过程中，我们还从学界前辈与同行关于文化与文化发展相关问题发表的诸多真知灼见中获益良多，在此谨向他们表示衷心的感谢！

由于水平有限，书中错谬之处在所难免，恳请各位读者批评指正！

刘水静

2021 年 7 月

图书在版编目（CIP）数据

中华文化为什么兴 / 刘水静等著. -- 北京：中国人民大学出版社，2022.4
（“中国之治的成功密码”丛书）
ISBN 978-7-300-30082-5

Ⅰ.①中… Ⅱ.①刘… Ⅲ.①中华文化一研究 Ⅳ.①K203

中国版本图书馆 CIP 数据核字（2021）第 254967 号

“中国之治的成功密码”丛书
中华文化为什么兴
刘水静 等 著
Zhonghua Wenhua Weishenme Xing

出版发行	中国人民大学出版社		
社　　址	北京中关村大街 31 号	**邮政编码**	100080
电　　话	010－62511242（总编室）		010－62511770（质管部）
	010－82501766（邮购部）		010－62514148（门市部）
	010－62515195（发行公司）		010－62515275（盗版举报）
网　　址	http://www.crup.com.cn		
经　　销	新华书店		
印　　刷	北京昌联印刷有限公司		
规　　格	148 mm×210 mm　32 开本	**版　　次**	2022 年 4 月第 1 版
印　　张	6.875 插页 2	**印　　次**	2022 年 4 月第 1 次印刷
字　　数	130 000	**定　　价**	48.00 元